스포츠 라이선싱

커뮤니케이션이해총서

급변하는 커뮤니케이션 환경에서 새로운 지식에 대한 욕구가 높아지고 있습니다. 이러한 흐름에 발맞추어 하나의 커뮤니케이션 주제를 10개 항목으로 묶어서 달걀 꾸러미처럼 엮었습니다. 사회의 변화를 빠르게 알기 원하는 대중과 시대에 앞선 지식을 단시간에 알고자 하는 연구자, 실무자, 학생에게 도움이 되는 책입니다.

일러두기

- 인명, 작품명, 저서명, 개념어 등은 한글과 함께 괄호 안에 해당 국가의 원어를 병기했습니다.
- 외래어 표기는 현행 어문규정의 외래어표기법을 따랐습니다.
- 이 책은 한국콘텐츠진흥원 『라이센싱에 대한 기초이해와 실무』(2011) 및 기타 문헌들을 참고하여 내용을 수정 및 보완하고, 저자의 스포츠 라이선싱 실무 경험을 토대로 구성했습니다.

커뮤니케이션이해총서

스포츠 라이선싱

신승호 · 김형석

대한민국, 서울, 커뮤니케이션북스, 2025

스포츠 라이선싱

지은이 신승호 · 김형석
펴낸이 박영률

초판 1쇄 펴낸날 2025년 2월 10일

커뮤니케이션북스(주)
출판 등록 2007년 8월 17일 제313-2007-000166호
02880 서울시 성북구 성북로 5-11
전화(02) 7474 001, 팩스(02) 736 5047
commbooks@commbooks.com
www.commbooks.com

CommunicationBooks Inc.
5-11, Seongbuk-ro
Seongbuk-gu, Seoul, 02880, KOREA
phone 82 2 7474 001, fax 82 2 736 5047

ISBN 979-11-7307-055-6

책값은 뒤표지에 표시되어 있습니다.

차례

라이선싱, 스포츠 비즈니스의 숨은 진주

국내 스포츠 산업은 여가의 증가, 건강에 대한 인식 변화, 스포츠의 생활화, 미디어 환경의 발달 등으로 인해 참여 스포츠와 관람 스포츠를 중심으로 빠르게 성장하고 있다. 스포츠 산업의 발전으로 재력이 있는 기업들은 스포츠가 가지는 다양한 긍정적인 효과와 가치를 기대하며, 스포츠를 마케팅 커뮤니케이션의 수단으로 활용하는 스포츠 마케팅에 많은 관심을 가지게 되었다.

기업은 또한 스포츠를 통해 직간접적인 수익을 창출하는 활동을 전개하기도 한다. 예를 들면, 프로 스포츠 팬들이 좋아하는 팀이나 선수와 관련된 상품을 구매하게 하여 확장 제품의 수요를 통해서도 수익을 창출하는 활동을 펼치고 있다. 이러한 사업은 스포츠 팬이라 할 수 있는 충성도 높은 고객들을 기업의 일반 상품으로 연계시키고, 전이시키는 데 용이하게 해 주고 있다. 스포츠 팬들은 팀과 선수가 연계된 상품에 비교적 긍정적 태도를 보이고 있으며, 이는 다양한 상품의 개발과 판매로 이어진다고 할 수 있다(박배진 · 박선영, 2016).

이처럼 스포츠 산업에서 팬들의 관람을 통한 수익 창출, 관람객 또는 시청자를 대상으로 브랜드 노출을 통한 기업 이미지의 상승효과 이외에도 스포츠용품이나 프로구단 라이선싱 상품 소비를 촉진하기 위한 다양한 형태의 사업이 증가하는 상황이다. 스포츠 산업에서 라이선싱 사업은 스폰서십, TV 중계권 등과 함께 스포츠 프로퍼티(sports property)를 활용한 주요 수입원의 하나다. 스포츠 프로퍼티란 스포츠 마케팅에서 판매의 대상이 되는 스포츠 이벤트, 리그, 팀, 선수, 또는 캐릭터 및 로고 등을 판매할 수 있는 권리를 의미한다.

스포츠 라이선싱은 브랜드 자산인 스포츠 프로퍼티를 소유하고 있는 라이선서(licensor)가 상표권, 특허권, 노하우(knowhow) 등 각종 지식 재산을 일정 수수료를 지불받고 라이선시(licensee)에게 사용을 허락하는 법률적 계약을 말한다. 라이선싱은 최소한의 비용으로 최대한의 로열티(royalty) 수입을 올릴 수 있는 비즈니스라고 할 수 있다. 스포츠 리그나 팀은 라이선서의 입장에서 보유하고 있는 지식 재산의 가치를 활용하여 보장받는 로열티 수입으로 막대한 경제적 이득을 얻을 수 있으며, 추가적인 지출 없이도 다양한 계층에 팀이나 리그를 광범위하게 노출하는 효과를 얻을 수 있다.

또한 라이선시는 라이선서의 높은 브랜드 가치를 활용하여 자신들의 제품에 추가적인 가치를 부여하여 인지도와 선호도를 높일 수 있으며, 이를 통해 가격 상승과 수익을 창출하고, 규모의 경제를 실현할 수 있는 성공적인 비즈니스를 기대할 수 있다. 미디어의 스포츠 콘텐츠에 대한 관심 증가와 인기 상승, 지식 재산권 사용권에 대한 법적 보장과 더불어 팬덤 문화가 발전하고, 확산함에 따라 스포츠 라이선싱 사업은 지속적으로 발전하고 있다.

라이선스 글로벌(License Global)이 2020년에 발표한 "글로벌 라이선서 150(TOP 150 Global Licensors)"에 따르면 2019년 기준 전 세계 라이선싱 시장의 규모는 2600억 달러에 이르고, 이러한 라이선싱 상품 가운데 스포츠 리그, 팀, 또는 선수를 상징하는 이름이나 로고를 제품에 부착하는 스포츠 라이선싱의 매출도 연간 약 570억 달러에 이른다. 라이선싱 사업자 중에서는 캐릭터 사업의 원조인 디즈니사가 매출 547억 달러로 단연 1위를 차지하고 있으며, 프로 스포츠 라이선싱 사업자로는 미식축구 리그(NFL)가 35억 달러로 16위, 미국 프로 농구(NBA)가 32억 달러, 미국 프로 야구(MLB)가 27억 달러, 미국 프로 아이스하키(NHL)가 13억 달러 규모의 상품 매출을 일으키고 있다.

전 세계적으로 스포츠 라이선싱 비즈니스가 크게 확대, 성장하고 있음에도 불구하고, 아직 국내에서는 인식이 부족하고, 관련 정보가 매우 미흡하여 주목을 받아 오지 못했다. 미국이나 유럽 등의 스포츠 선진국에 비하여 국내의 스포츠 라이선싱 비즈니스는 아직 미약하다고 할 수 있다. 이는 스포츠 라이선싱에 대한 인식이 부족하고, 라이선싱 상품의 품질과 디자인이 소비자들을 충분히 만족시키지 못하고 있으며, 유통 판매망 역시 매우 제한적이기 때문이다.

국내 라이선싱 사업과 관련하여 국제올림픽위원회(IOC)는 올림픽 마케팅 팩트 파일(Olympic Marketing Fact File)에서 '1988 서울 올림픽'의 라이선싱 수입이 6200만 달러에 이르렀고(2014), 국제축구연맹(FIFA)도 '2002 한일 월드컵' 라이선싱 수입이 약 920억 원이라고 발표하였다(2015). 올림픽이나 월드컵 같은 글로벌 스포츠 이벤트를 통해 IOC나 FIFA는 라이선싱 사업에서 큰 이익을 거두고 있지만, 1988 서울 올림픽과 2002 한일 월드컵에 참여했던 국내 라이선싱 사업권자들은 라이선싱 상품의 판매 부진으로 오히려 부도 처리가 되거나 큰 실패를 경험하기도 하였다. 이에 대한 여러 문제점이 지적되었지만, 그중에서도 불공정한 라이선싱 계약을 체결한 것이 근

본 원인으로 지적되었다.

국내 라이선싱 사업의 시작이라 할 수 있는 1988 서울 올림픽의 경우 마스코트 '호돌이'가 큰 인기와 호응을 얻었지만 라이선싱 사업자들은 실제 상품 판매에서는 실패하였고, 대부분의 업체는 부도 처리가 되었다. 한편, 2002 한일 월드컵의 성공적인 대회 운영에 힘입어 아시아 · 태평양 지역 라이선싱 사업자였던 CPP코리아는 전국 8개 도시에 공식 매장을 열고 백화점, 면세점, 할인 매장 등 대형 유통점과 지하철 판매장을 중심으로 1000여 개의 매장을 확보해 약 5000억 원 규모의 매출을 예상했다.

하지만 대회를 불과 6개월 앞두고 라이선싱 상품 제조 협력 업체들이 국내 월드컵 라이선싱 사업자인 CPP코리아와 각종 상품의 판매 방식 등을 놓고 심각한 갈등을 빚게 되었다. 다양한 상품 개발 및 분위기 조성에 실패해 수십 개 국내 협력 업체가 부도 위기에 직면하는 등 수백억 원대의 재산 피해를 봤다며 그 원인을 CPP코리아의 영세한 자본과 부족한 상품 개발 능력 때문이라 주장하기도 하였다(심윤희, 2001).

결국, 2002 한일 월드컵의 라이선싱 사업은 최초 사업자인 CPP코리아의 사업 기획 부재와 행사 직전에 사업권을 넘겨받은 코오롱TNS월드의 영업 및 마케팅 실패로 참여 업체의 부도 등 각종 사회 문제만 일으킨 채 마무리되고 말았다(고광본, 2003). 이렇듯 대한민국에서 열린 글로벌 스포츠 이벤트 라이선싱 사업은 참여 업체들의 무덤으로 여겨질 정도로 참담한 실적을 보여 주었다.

스포츠 라이선싱 세계로의 초대

많은 국내 스포츠 팬은 어려서부터 스포츠를 좋아해 왔으며, 선호하는 프로 스포츠 구단이나 선수를 상징하는 상품을 구매한다. 성장하면서 자연스럽게 NBA 경기를 시청하며 농구 황제 마이클 조던과 시카고 불스의 팬으로서 관련 상품을 구매하고, 좋아하는 팀과 스타플레이어와 동일시하는 즐거움을 느끼는 경험을 하게 된다. 나아가서는, 미국 메이저 리그, 영국 프리미어 리그(English Premier League: EPL) 등 해외 스포츠 리그를 다각적으로 경험하며 뉴욕 양키스 구단의 로고나 고유 색상이 예쁘게 디자인된 모자와 스웨터를 구매하고, 한국 선수인 박찬호가 활약했던 LA 다저스 구단을 응원하며 LA 다저스 로고가 새겨진 모자와 유니폼, 그리고 영국 프리미어 리그나 스페인 라리가에서 활약하던 박지성, 메시 선수의 유니폼 등을 구매하며 대리 만족을 얻기도 한다.

하지만 국내 프로 스포츠 관련 라이선싱 상품은 어떤

가? 아쉽게도 국내 프로 야구단 로고가 새겨진 모자나 기타 상품을 구매하는 것이 쉽지는 않을 것이다. 스포츠 라이선싱에서 좋아하는 팀이나 선망하는 선수들은 상품 구매를 일으키는 중요한 요인이지만 그에 못지않게 라이선싱 상품의 디자인과 품질도 매우 중요한 영향을 미친다. 국내 프로 스포츠단 라이선싱 상품도 스포츠 비즈니스의 선진국인 미국의 MLB, NBA, 그리고 유럽 프로 축구 리그의 상품처럼 멋있어서 구매하고 싶게 만들어야 한다. 즉, 단순히 유명 팀이나 선수의 명성에 기대지 않고 전문성 있는 비즈니스가 되어야 한다.

그동안 국내 프로 스포츠 라이선싱 사업은 상품을 구매하고 싶어 하는 팬들의 시장 규모는 충분한지, 팬들의 라이선싱 상품의 선호도는 어떠한지 등에 대한 체계적인 조사와 파악이 부족하였던 것이 사실이다. 멋진 디자인과 고품질의 상품을 출시하려면 가격이 올라갈 수밖에 없는데, 이로 인해 판매가 과연 잘될 것인가, 또는 재고가 많이 쌓이지는 않을까 등의 우려로 상품 제작에 다소 소극적으로 임해 왔던 것도 사실이다.

그렇다면 "프로 스포츠 구단이나 선수의 유니폼과 모자 등을 판매하는 라이선싱 사업은 어떤 절차가 필요하며, 어떻게 수익을 지속적으로 창출할 수 있는 비즈니스가 될 수 있을까?" 이 질문에 대한 해답을 찾아 가는 과정을 이 책에 담아 보고자 한다. 스포츠 라이선싱(sports licensing)은 국내 스포츠 산업에서 점차 중요성이 커지고 있으며, 발전 잠재력이 큼에도 불구하고, 지금까지 관련 연구나 정보가 매우 부족했다. 스포츠 라이선싱 비즈니스는 무형의 요소에 대한 권리 취득과 그에 따른 권리를 대여하고 판매함으로써 발생하는 수익을 기초로 하는 사업이다.

성공적인 라이선싱 사업을 위해서는 내용을 전체적으로 이해하는 통합적 사고와, 세심하고 합리적인 판단을 통한 체계적인 준비와 대처가 필요하다. 여기서 전개하는 내용은 한국콘텐츠진흥원에서 발간한 『라이센싱에 대한 기초이해와 실무』(박영국, 2011)와 기타 문헌들을 참고하여 내용을 수정 및 보완하였고, 저자의 스포츠 라이선싱 실무 경험을 토대로 작성한 것이다. 그동안 다양한 스포츠 라이선싱 관련 프로젝트를 실제로 현장에서 진행해 오며 겪은 경험과 지식을 가감 없이 이야기하려 한다.

스포츠 라이선싱의 10가지 테마

스포츠 라이선싱 전반의 이해와 함께 국내의 상황을 파악하고, 실무 지식을 얻기 위하여 다음과 같이 10가지 테마를 선정하여 이 책의 내용을 구성하였다.

제1장, '스포츠 라이선싱 이해'에서는 라이선싱 사업 전반에 관한 실제적인 내용과 정보를 제시하였다. 스포츠 라이선싱의 개념, 특성, 라이선서 및 라이선시가 얻을 수 있는 가치, 라이선싱에서 발생하는 로열티의 개념과 형태, 그리고 국내 스포츠 라이선싱의 발전 과정 등을 통해 스포츠 라이선싱에 대한 이해를 돕고자 했다.

제2장, '스포츠 라이선싱 과정'에서는 실제 사례를 제시하며 라이선싱의 업무 과정을 서술함으로써 라이선싱 상품들이 초기부터 어떤 방식으로 제작되고, 최종적으로 어떻게 팬들에게 판매되는가를 알 수 있도록 하였으며, 실무에서 사용하는 용어들을 제시하고, 이해할 수 있게 하였다.

제3장, '스포츠 라이선싱 계약'에서는 라이선싱 계약 시 고려할 사항과 스포츠 라이선싱 분야에서 큰 부분을 차지하는 프로 스포츠 구단의 라이선싱 사업 계약서 내용을 지식 재산권을 보유하고 있는 라이선서와 이를 활용하여 상품화 사업을 진행하고자 하는 라이선시의 측면에서 자세하게 제시하였다.

제4장, '스포츠 라이선싱 관리'에서는 성공적인 라이선싱에 필요한 라이선서와 라이선시와의 상호 협조 및 명확한 의사소통의 중요성을 강조하고, 관리해야 할 주요 내용

인 계약 업체인 라이선시, 계약 및 문서, 디자인, 중지(인증 스티커), 상품, 유통, 매출 등을 구체적으로 서술하였다.

제5장, '스포츠 라이선싱 활성화 방안'에서는 스포츠 선진국들에 비하여 아직은 수익 창출보다는 팬 서비스 차원으로 인식하고 있는 국내 라이선싱 사업의 여러 문제점을 파악하고 활성화 방안에 대하여 논의하였다.

제6장, '라이선시 브랜드의 글로벌 성장 전략'에서는 세계적으로 라이선싱 사업을 선도하고 있으며, 라이선시로서의 자체 브랜드를 발전시켜 나가는 '마제스틱(Majestic)' 기업의 성장 사례를 심층적으로 분석하였다.

제7장, '컬래버레이션으로 명품화되어 가는 라이선싱 상품'에서는 단순한 라이선싱 상품이 아닌 다른 명품 브랜드와의 협업과, 패션과 문화, 예술을 반영하여 더욱 고급화, 명품화를 추구하려는 프랑스의 프로 축구팀 파리 생제르맹 FC(PSG)의 라이선싱 사업 사례를 소개하였다.

제8장, '팬들과 소통하는 스포츠 라이선싱'에서는 현재 국내에서 진행되고 있는 다양한 형태의 라이선스 사업을 논의하였으며, 라이선싱 상품을 제작하면서 팬들과 양방향으로 소통하는 과정을 통해 라이선싱 상품의 또 다른 가치를 추구하는 프로 야구팀 '기아 타이거즈'의 사례를 소

개하였다.

제9장, '프로 스포츠 통합 라이선싱 사업 론칭 과정'에서는 라이선싱 사업이 발달한 국가에서는 이미 보편화되었지만, 국내에서는 여전히 생소한 통합 라이선싱 사업을 론칭한 프로 배구의 사례를 제시하며, 국내에서의 가능성과 향후 방향에 대하여 논의하였다.

제10장, '아마추어 스포츠의 라이선싱 사업'에서는 재정 자립도가 상당히 낮아 정부 등 외부로부터 주로 재원을 충당하는 아마추어 경기 단체에서 라이선싱 사업의 필요성과 중요성을 강조하고, 걸음마 단계인 대한체육회의 라이선싱 사업의 사례를 소개하였다.

스포츠 프로퍼티에 따라 라이선싱 비즈니스의 형태와 시장의 접근 방식, 또는 마케팅의 구조가 상이할 수 있다. 그럼에도, 이 글은 스포츠 라이선싱 전반을 이해하는 데 도움을 주기 위하여 이론과 실무 내용을 토대로 스포츠 라이선싱의 이해, 과정, 계약, 관리, 활성화 방안, 다양한 스포츠 산업 현장에서의 실제 라이선싱 사례를 담았다. 스포츠 라이선싱에 대한 개념적인 접근을 통하여 스포츠 라이선싱 비즈니스의 구조를 더욱 쉽게 이해하고, 실무에 활용하여 국내에서 더욱 성장하고 발전하는 분야가 되기를 기대한다.

참고문헌

고광본(2003.6.11). [현장속으로] 월드컵 휘장사업 납품 中企들 신음 · 한숨. ≪서울경제≫.

박배진 · 박선영(2016). 라이센스 제품의 구매 촉진을 위한 프로스포츠 서비스 품질과 동일시에 관한 연구. ≪벤처창업연구≫, 11(3), 189~197쪽.

박영국(2011). 『라이센싱에 대한 기초이해와 실무』. 한국콘텐츠진흥원.

심우택 · 신선윤(2016). 라이센싱 상품화사업 성공요인 도출을 위한 탐색적 연구: 메가스포츠이벤트를 중심으로. ≪한국체육학회지≫, 55(6), 375~391쪽.

심윤희(2001.8.21). [스포츠마케팅] 기념품 사업 어디까지. ≪매일경제≫.

FIFA(2015). Marketing highlights.

License Global(2020.8.20). The Top 150 Global Licensors of 2020 Announced by License Global. http://www.globenewswire.com/news-release/2020/08/20/2081399/0/en/The-Top-150-Global-Licensors-of-2020-Announced-by-License-Global.html

Olympic Marketing Fact File(2014). Lausanne: International Olympic Committee.

01

스포츠 라이선싱 이해

스포츠 산업에서 라이선싱은 스폰서십, TV 중계권과 함께 스포츠 프로퍼티의 주요 수입원 중 하나로 그 중요성이 증대되고 있으며, 발전 가능성이 매우 큰 분야다. 그럼에도, 아직까지 국내에서는 관련 내용이나 정보가 매우 부족한 것이 현실이며, 스포츠 라이선싱 사업에 종사하는 실무 관계자가 아닌 이상 그 과정을 자세히 알기도 어려운 상황이다. 그동안 알지 못했던 스포츠 라이선싱에 대하여 소개하며, 스포츠 라이선싱 비즈니스가 국내 스포츠 산업에서 더욱 성장하고 발전하기를 기대한다.

스포츠 라이선싱 개념

스포츠 라이선싱은 스포츠 마케팅에서 매우 중요한 영역임에도 불구하고, 국내에서는 잘 알려지지 않아 업계 관계자가 아닌 이상 그 내용을 자세히 알기가 어렵다. 스포츠 라이선싱은 상표 등록된 지식 재산권(intellectual property: IP)을 가지고 있는 개인(선수), 또는 단체(스포츠 리그, 협회, 구단, 스포츠 이벤트 등)가 타인에게 대가(royalty: 상표 사용권료)를 받고 그 재산권을 사용할 수 있도록 상업적 권리를 부여하는 계약을 의미한다. 여기에서, 지식 재산권이란 대중이 조직을 인식하게 하는 조직의 명칭, 로고, 엠블럼, 심벌, 마스코트, 캐릭터, 전용 색, 서체, 시그니처, 슬로건 등을 포함하는 것으로, 라이선서는 상표 등록된 지식 재산권을 가지고 있는 자를 말하며, 라이선시는 계약을 통하여 이 권리를 대여받는 자를 지칭한다.

지식 재산권은 사용 목적, 사용 지역, 사용 기간, 조건 등 특정 조항에 따른 권한을 부여한다. 상표 사용권료는 최저 보증 금액(minimum guarantee: MG) 및 매출 또는 생산가에 따른 협의가 이뤄진 로열티 비율의 형태로 책정한다. 따라서 스포츠 라이선싱은 라이선서의 입장에서는 보유하고 있는 지식 재산권에 대한 계약을 체결하여 상표 사용권료에 대한 로열티를 획득해 수익을 창출하는 비즈니스이고, 라이선시의 입장에서는 지식 재산권의 권리를 대여받아 이를 상품화하여 수익을 창출하는 비즈니스라 할 수 있다.

스포츠 라이선싱의 특성

스포츠 라이선싱은 프로 및 아마추어 스포츠의 발전으로 팬들이 선호하는 팀이나 선수와 동일시(identification)를 바라는 독특한 성향에서 출발한 비즈니스라 할 수 있다. 이는 자신이 좋아하고 응원하는 스포츠 팀, 또는 선수와 특별한 애착을 가지고 함께하려는 심리적 상태를 의미하는데, 그에 대한 행동적 특성이 스포츠 라이선싱 상품 구매로 이어지는 것이다. 다양한 미디어의 스포츠 콘텐츠에 대한 관심 증가와 인기 상승, 지적 재산권 사용에 대한 법적 보장, 팬덤 문화의 발전 및 확산에 따라 스포츠 라이선싱은 지속해서 성장하고 있다.

스포츠 라이선싱 비즈니스는 프로 스포츠 팀과 선수에 대한 대중의 높은 관심과 열광적(maniac) 성향의 구매력 높은 팬들이 로고나 이름이 있는 유니폼, 모자, 기념상품(우승, 특정 기록 달성을 기념하는 상품) 및 다양한 캐릭터 상품 등을 구매하며 발생한다. 스포츠 선진국에 비해 아직 많이 부족하지만 매년 꾸준하게 매출이 발생하고 수익이 가능한 비즈니스로, 국내에서는 프로 야구가 대표적이다.

10개 구단 상품에 대한 팬들의 수요가 지속적으로 이루어지고 있어 시즌이 개막하는 4월을 기점으로 6월까지의 매출액이 높다. 구단의 성적에 다소 민감하게 영향을 받아 정규 리그가 끝나고 구단이 포스트 시즌에 진출하면 9월과 10월에 매출이 폭발적으로 발생하지만, 성적이 좋지 않을 때는 판매가 잘 이루어지지 않는다. 일반적인 비즈니스와는 다른 스포츠만의 독특한 특성이라고 할 수 있겠다.

또한 코로나19로 인한 단계별 관중 입장 정책 등은 스포츠 라이선스 비즈니스에서 발생할 수 있는 변수이기도 하다. 1년을 기준으로, 현재 국내 프로 야구단의 홈경기는 72회 열린다. 이는 다른 말로 표현하면 1년간 홈 경기장에 있는 매장의 영업일이 72일이라는 것이다. 각 구단의 홈경기장 내외부에 팀 스토어(구단 상품 판매처)가 위치하고 있다. 많은 팬들은 현장에서 상품을 구매하려는 특성이 있다. 온라인 스토어에서는 1년 365일 판매가 가능한데도 약 7:3의 비율로 오프라인 스토어인 야구장 매장에서의 판매가 더 활발히 이루어지고 있다. 이러한 특성으로 인해 코로나19 시기에 무관중 경기, 10%, 또는 30% 관중 허용 경기 등으로 상품 판매를 활발히 할 비즈니스 기회 자체를 잃는 변수가 생기기도 하였다.

스포츠 라이선싱의 가치

스포츠 라이선싱 사업은 스포츠 리그나 팀, 그리고 선수가 보유한 고유의 지식 재산권 가치를 극대화할 때 성공적인 수익 창출을 할 수 있다. 이를 크게 지식 재산권을 보유하고 있는 라이선서와 지식 재산권을 계약을 통하여 사용하려는 라이선시로 구분하여 각각의 가치와 긍정적인 효과를 알아보겠다.

라이선서의 가치

상표권 등 지식 재산권에 대한 권리를 보유하며 계약의 주체가 되는 라이선서는 성공적인 라이선싱 사업을 통해 추가 투자나 노력 없이 수익을 창출하는 등 다양한 긍정적인 효과를 얻을 수 있다. 스포츠 리그나 팀이 이미 보유하고 있는 지식 재산권을 주체적으로 활용하며 얻을 수 있는 이익은 다음과 같다.

첫째, 라이선시와의 계약으로 발생하는 로열티를 통해 얻을 수 있는 수익이다. 즉, 적극적으로 활용하지 않았을 경우 자칫 사장될 수 있는 리그나 팀이 소유한 고유의 지식 재산권을 많은 투자와 별도의 노력을 기울이지 않고 라이선싱 사업을 통해 추가적으로 수익을 얻을 수 있는 것이다. 이는 계약을 통해 라이선시에게 지식 재산권을 사용할 수 있는 권리만 이양해 주면 얻을 수 있는 수입이다.

둘째, 라이선싱 사업은 라이선서가 특별한 노력을 하지 않으면 쉽게 접근할 수 없는 시장, 또는 소비자들에게 용이하게 접근할 수 있게 해 준다. 예를 들어, 미국 프로 야구의 LA 다저스 팀은 한국의 야구팬들을 대상으로 특별한 마케팅 노력을 하지 않으면 접근하기가 쉽지 않을 것이다. 그러나 한국의 야구팬들이 LA 다저스의 로고가 인쇄된 모자나 옷을 입고 다닌다면 LA 다저스의 입장에서는 어떤 추가적인 노력 없이 한국 시장에서 상당한 노출 효과를 얻을 수 있다. 이러한 라이선싱 제품들은 LA 다저스가 생각하지도 못한 미래의 잠재적인 시장에서 마케팅을 대신하여 실행해 주고 있다고 해도 과언이 아니다.

라이선시의 가치

라이선시는 라이선서의 로고나 명칭, 캐릭터 등 다양한 지식 재산권, 또는 자신들이 보유하지 못한 높은 브랜드 가치를 이용하여 수익 창출 등 다음과 같은 여러 가지 긍정적인 효과를 얻을 수 있다.

첫째, 일반적으로 라이선시는 라이선서의 역사, 전통, 인지도, 선호도 등 대중에게 높은 브랜드 가치(brand equity)를 이용하여 수익을 창출할 수 있다. 예를 들어, 브랜드 가치가 없는 라이선시의 티셔츠를 판매하기는 쉽지 않아도 LA 다저스, 뉴욕 양키스, 레알 마드리드 등 유명한 프로 스포츠 팀은 물론, 올림픽이나 월드컵 등 대중이 높은 관심을 가지고 있는 스포츠 이벤트의 로고, 캐릭터 티셔츠는 소비자들에게 훨씬 높은 관심과 구매를 유도할 수 있는 것이다. 즉, 다양한 지식 재산을 소유한 라이선서의 가치를 라이선시의 상품에 새롭게 부가(value adding)함으로써 수익을 창출하는 것이다.

둘째, 라이선시는 라이선싱을 통하여 자사의 상품에 더 높은 가격을 설정하여 수익을 창출할 수 있다. 라이선시는 라이선싱을 통하여 자사의 상품에 소비자들이 선호하는 라이선서의 로고, 상표, 캐릭터 등을 추가함으로써 상품의 가치를 더욱 향상해 가격을 높일 수 있고, 추가적으로 더 많은 수익을 올릴 수 있다.

셋째, 자사의 브랜드 가치가 약하여 충분한 시장을 확보하지 못하는 라이선시는 성공적인 라이선싱을 통해 다양한 시장을 확보할 수 있어 대량 생산을 통한 단위 비용을 낮추는 등 규모의 경제(economy of scale)의 이익을 누릴 수 있다. 규모의 경제를 일반적으로 대량 생산의 이익이라고 하는데 이는 생산량의 증대에 따라 단위 비용이 체감한다는 뜻이다.

브랜드 가치, 또는 파급력(brand power)이 약한 제조업자는 충분한 규모의 시장을 확보하지 못하여 제한된 양의 제품만을 시장에 유통하는 한계를 가지게 된다. 이런 경우, 시장 점유율이 높아 많은 양의 제품을 시장에 유통할 수 있는 경쟁자와 비교하여 특히 가격 경쟁력이 약점으로 나타날 수밖에 없다. 라이선시는 라이선서의 높은 브랜드 가치를 활용함으로써 구매력 있는 시장 확보가 가능하며, 대량 생산을 통한 단위 비용을 낮춤으로써 더욱 경쟁력을 갖출 수 있다.

스포츠 라이선싱과 로열티

로열티는 라이선시가 라이선서의 지식 재산권을 사용하는 대가로 지불하는 금액이다. 라이선싱 계약 시 대상, 내용, 성격, 범위 등에 따라 그 형태는 다양하다. 일반적으로 라이선서의 위상, 가치, 크기 등에 따라 5~10%의 로열티를 지불하며, 희소성이나 관심이 매우 높은 이벤트인 미식 축구 리그의 슈퍼볼이나 메이저 리그의 월드 시리즈 같은 경우는 10~15%까지 높게 지불하기도 한다.

로열티 액수의 범위가 다양한 만큼, 지불 방식 또한 고정 로열티(fixed royalty), 러닝 로열티(running royalty) 등 다양하다. 고정 로열티는 라이선시의 수익과 관계없이 일정한 금액을 지불하는 것으로, 계약 시 전액을 지불하거나, 일정 기간을 나누어서 지불할 수 있다. 라이선서의 입장에서 고정 로열티는 일정액의 수익을 보장받을 수 있는 장점이 있으나, 라이선시의 사업이 성공적으로 진행되어도 그에 따른 추가 수입을 확보할 수 없다는 단점이 있다.

반면, 러닝 로열티 방식은 라이선시가 판매하는 제품의 양에 따라 로열티를 받는 것으로, 라이선시의 사업이 성공적으로 진행될 경우 로열티 수익도 같이 올라간다. 단점은 라이선시의 사업이 저조하거나 실패하면 로열티 수입을 보장받을 수 없다는 것이다. 이런 단점을 보완하기 위하여 러닝 로열티 방식을 채택할 경우, 라이선서는 라이선시의 사업 성공 여부와 관계없이 일종의 선금 형식으로 일정액을 지불하도록 최저 보증 금액을 계약 시에 요구하기도 한다.

국내 스포츠 라이선싱의 발전 단계

국내 스포츠 라이선싱 비즈니스의 발전 단계를 프로 야구를 중심으로 세 단계로 나누어 설명할 수 있다. 첫째, 박찬호 선수의 미국 메이저 리그 LA 다저스 진출로 MLB 관련 상품이 알려지기 시작한 1997년부터 2007년까지를 도입기로 볼 수 있다. 도입기는 프로 야구팀 지식 재산권을 활용한 유니폼과 모자 제작 등의 제조업 중심으로 전개되었으나, 상품의 디자인과 품질이 좋지 않았기에 수익성이 낮았다.

둘째, 2008 베이징 올림픽 야구에서 우승한 이후 프로 야구의 전성기를 맞은 2008년부터 2014년까지를 성장기로 볼 수 있다. 성장기에 주목할 점은 선수를 활용한 다양한 플레이어 상품이 출시되고 그래픽 디자인을 활용한 기념상품이 증가한 것이다. 이 시기에 라이선싱 상품을 위한 유통망의 중요성이 부각되기 시작하였고, 전문 스포츠 라이선싱 회사들이 등장하였다.

셋째, 'KT 위즈' 야구팀이 창단되어 KBO 리그에 등장하여 10구단 체제를 구축하고, KBO 리그 브랜드로 새롭게 탄생하게 된 2015년부터 현재까지를 성숙기라 할 수 있다. 이 시기에는 다양한 캐릭터 상품이 증가하고 협업(collaboration)을 통해 이전과 다른 이색적인 상품들이 출시되어 팬들에게 즐거움을 제공하였다. 특히 여성 팬들의 증가로 인해 상품의 구성이 더욱 다채로워졌고, 다양한 카테고리의 아이템들이 출시되고 있다. 이에 따라, 상품 콘텐츠의 중요성이 더욱 드러났고, 스포츠 패션 브랜드 회사들이 가세하여 비즈니스를 전개하고 있다.

스포츠 라이선싱이 비즈니스가 되기 위해서는 우선 스포츠 라이선싱 판매자의 입장인 스포츠 라이선서가 스포츠 라이선싱 프로그램을 잘 개발하고 기획하는 것이 중요하다. 판매할 스포츠 지식 재산권을 하나의 브랜드로 인식하여 형태나 모양에 대한 지침(style guide) 기획, 전체적인 개요(concept), 삽화(artwork) 및 핵심 장면(key visual) 등에 대한 개발을 해야 한다.

사실 이 부분이 매우 중요한데도 국내 프로 스포츠 구단에서는 브랜딩을 소홀히 하고 있어 라이선시에 제공할 디자인 자원들(resources)이 매우 부족한 것이 현실이다. 그 외에 라이선싱 비즈니스를 하게 될 지역, 상표 사용권료, 제품 카테고리, 계약 기간, 유통 채널, 마케팅 계획 등에 대한 지침(guide)을 마련하여 그 내용이 구매자인 라이선시에게 매력적으로 작용할 수 있도록 해야 한다.

단지 높은 상표 사용권료를 제시하는 곳보다는 사업 역량과 재무 건전성이 좋은 적합한 파트너를 효과적으로 탐색하여 협상을 통해 계약을 체결해야 한다. 그 이후에는 스포츠 라이선시가 비즈니스를 하는 데 지식 재산권을 지침서에 따라 적합하게 상품화하는지 관리하고, 다른 곳에서 불법적으로 지식 재산권을 사용하거나, 불법 제품이 유통되지는 않는지 등 상표권 보호에도 많은 관심을 가지고 관리 · 감독해야 한다. 또한 예상치 못한 어려움은 없는지, 마케팅을 지원할 부분은 없는지 등 라이선시가 상품화 사업을 하는 데 비즈니스 파트너의 위치에서 함께 고민해야 한다.

02

스포츠 라이선싱 과정

스포츠 라이선싱 과정은 라이선서가 라이선시에게 지식 재산권의 권리를 부여하는 것부터 시작하여 스포츠 라이선싱 상품이 최종 소비자에게 전달되기까지의 흐름을 의미한다. 스포츠 라이선싱 과정을 조금 더 쉽게 이해할 수 있도록 야구의 월드컵이라고 할 수 있는 '2017 월드 베이스볼 클래식(2017 World Baseball Classic)' 의 라이선싱 비즈니스 사례를 통해 상품이 실제로 어떻게 제작되어 팬들에게 판매될 수 있었는지 알아보고자 한다.

스포츠 라이선싱 업무 과정

스포츠 라이선싱 비즈니스가 효과적으로 이루어지기 위해서는 우선 라이선서가 지식 재산권에 대한 다양한 개발에 역점을 두고 있어야 한다. 왜냐하면, 다양한 지식 재산권을 계약자인 라이선시에게 설득력 있게 전달할 수 있는 기반을 마련해야 하기 때문이다. 스포츠 라이선싱 업무 과정을 단계별로 살펴보면 다음과 같다.

첫째, 라이선싱 계약을 체결한다. 계약의 종류는 크게 두 가지가 있는데, 하나는 지식 재산권에 대한 모든 권리를 가지고 있는 라이선서가 라이선시를 공개 입찰, 또는 개별적으로 제안하여 계약을 진행하는 방식이다. 다른 하나는 이와는 반대로, 스포츠 라이선싱 비즈니스를 하고 싶은 라이선시가 지식 재산권을 가지고 있는 라이선서에게 문의하는 형태다. 위의 두 경우 모두 라이선시가 라이선서에게 제안할 스포츠 라이선싱 비즈니스 계획서나 제안서를 준비하여야 한다.

'2017 월드 베이스볼 클래식(WBC)'은 미국 메이저 리그 베이스볼(MLB) 사무국에서 주최하고 관리한 글로벌 야구 이벤트다. '2017 월드 베이스볼 클래식'의 예선전을 서울에서 개최하기로 결정했는데, 서울 예선전을 앞두고 MLB 아시아 총괄 라이선싱 디렉터가 당시 MLB 유니폼 및 의류 라이선싱 협력 회사였던 '마제스틱코리아'에 2017 WBC 대한민국 야구 대표 팀 유니폼 및 의류 라이선싱 비즈니스를 먼저 제안하였다. 이에 따라, 라이선시인 마제스틱에서 라이선싱 사업 계획서를 작성하게 되었다.

주요 내용은 라이선시 기업인 마제스틱코리아 기업의 재무 건전성, 수익성 기여(상표 사용권료, 판매 금액에 따른 러닝 개런티 등), 사업 역량(상품 기획력, 판매 및 유통망, 예상 매출액), 희망 계약 기간(재고 소진 기간 포함) 등이었다. MLB 사무국과 마제스틱코리아, 즉 라이선서와 라이선시 간 계약서를 서로 검토한 뒤, 수차례 협상을 통해 이견을 좁히며 실제 계약을 체결하였다.

둘째, 계약을 체결한 이후 라이선시는 라이선서로부터 전달받은 디자인 자료와 상표 매뉴얼(manual) 등을 참고하여 WBC를 응원하는 팬들과 고객들의 니즈를 파악하기 위한 시장 조사를 진행하며 상품 기획(line-up)에 대한 구상을 하였다. 대회 기간이 1개월가량 남아 있었기에 많은 종류의 상품보다는 유니폼, 윈드브레이커, 후드 티셔츠, 반팔 티셔츠, 구단 점퍼, 머그 컵, 기념구, 응원 도구 등 판매가 비교적 잘되는 상품에 집중하기로 하였다.

그 이후 대표 상품이라 할 수 있는 유니폼의 디자인 구상과 특징을 기획하였다. 2017 WBC 팀 코리아(Team

Korea) 유니폼의 특징은 특허받은 쿨베이스(coolbase) 원단을 활용하였다는 것이다. 선수들의 경기력을 극대화하기 위해 기능적으로 신축성과 경량성을 높이고, 착용했을 때 편안함, 통기성, 속건성, 청량감을 느끼게 하였다. 유니폼 디자인은 대한민국 대표 팀의 고유색인 흰색, 파란색, 붉은색을 기본으로 하고, 야구 고유의 정통성을 갖춘 유니폼 스타일과 허리 절개 라인에 붉은색에서 파란색으로 점차 이어지는(dot gradation) 태극 형태의 그래픽을 넣어 자연스럽고 강렬한 느낌을 주었다.

셋째, 라이선시가 라이선서에게 상품 품목(item)별 디자인을 진행한 뒤 승인 요청 양식에 맞게 MLB 디자인 승인 센터에 보내 승인을 요청하면, 라이선서는 자체의 지식 사용권 매뉴얼에 적법하게 사용하였는지 확인하여 승인, 또는 불가를 알려 주게 된다. 라이선서의 최종 승인이 난 이후에는 작업 지시서를 작성하여 실제 견본(sample)을 제작하며 여러 차례 품질 관리(quality check) 절차를 진행하였다. 최종 견본이 완성된 후 라이선서의 승인(confirm)이 완료되면 비로소 소비자에게 판매할 주축(main) 상품을 제작할 수 있었다.

넷째, 실제 유니폼을 생산할 공장에 보낼 유니폼 치수(size)별 주요 제품 규격 정보와 수량, 부자재인 마제스틱 상표(label), 치수 표(size tag), 태극기 및 WBC 문양(waffen), 'KOREA' 명칭의 자수(applique), 단추 등의 상세 정보를 작성한 작업 지시서를 준비하고, 제작 단가 및 납기일 등의 내용을 협의한 후 메인 상품의 생산을 진행한다.

다섯째, 주축 상품의 생산을 완료하면 상품을 물류에 입고시키고 본격적인 마케팅과 판매(sales) 프로모션을 기획하고 실행한다. 많은 팬들이 가장 관심을 가지고 있는 '2017 WBC 대한민국 국가대표 팀 유니폼' 디자인 발표에 대한 보도 자료를 작성하였다. KBO 홍보팀과 협업하여 주요 언론사와 통신사 등에 보도 자료를 배포, 기사를 통해 야구팬들의 궁금증을 해소해 주었으며, 미디어데이 공식 행사 때 감독과 주장 선수들이 실제 유니폼을 착용한 모습을 공개하였고, 자연스럽게 판매로까지 이어지게 되었다.

또한 WBC 주관 방송사인 JTBC와 함께 인스타그램을 활용한 프로모션 이벤트를 기획하였다. 국가대표 선수에게 응원 메시지를 남기는 비교적 참가하기 쉬운 내용의 이벤트였는데, 당첨자에게는 국가대표 선수용 티셔츠와 경기 입장권, 그리고 선수들의 타격 연습 시간에 경기장에서 직접 선수를 응원하고 사진을 촬영할 수 있는 기회를 제공하는 것이었다. 많은 팬들이 참여하여 성공적인 프로모션이 진행되었다.

판매를 위해서 경기가 개최되는 '고척 스카이돔'에서 상품을 판매할 장소를 물색하고, 임시 판매장(pop-up store)을 어떻게 운영할지 전반적인 기획을 하였다. 온라인에서는 온라인 유통 계획을 수립하여 자사 몰인 WBC 공식 온라인 스토어를 제작하고, 거래량이 많은 스포츠 쇼핑몰에 유통하기 위해 상호 조건 등을 협의하며 준비하였다. 물론 마케팅과 판매 계획도 라이선서에 승인받은 후 진행하였다.

많은 전문가의 예상과는 다르게 대한민국 대표 팀은 다소 실망스러운 경기력으로 1차 라운드에서 탈락하였다. WBC 대회 개최 전 유니폼을 비롯한 상품에 대한 팬들의 반응과 호응이 매우 뜨거워 판매율 80% 이상을 예상했지만, 대표 팀의 성적 부진이라는 변수로 인하여 상품 판매가 기대에 미치지 못하였다. 라이선싱 사업의 변수를 보여 준 예라고도 할 수 있다.

지금까지 2017 WBC 대한민국 국가대표 라이선싱 상품을 제작하여 팬과 소비자들에게 판매하기까지의 과정을 간략히 살펴보았다. 이처럼 스포츠 라이선싱은 라이선서와 라이선시가 서로 협의하고 확인하는 여러 단계와 절차를 걸쳐 이루어진다. 스포츠 라이선싱 상품은 보기에는 단순한 것 같아도 새로운 생명체가 세상에 탄생하듯이 상호 협의와 절차, 그리고 인고의 과정을 통해 출시되는 것이다.

스포츠 라이선싱 용어의 정리

스포츠 라이선싱 계약서 작성 시, 또는 계약 당사자 상호 의사소통 시 이해를 돕거나 오해의 소지를 없애기 위하여 기초적인 용어를 정의하는 것이 필요하다. 아래에 정의하는 용어와 의미는 국가별, 산업별로 각각 달리 쓰일 수 있으니 계약서를 주고받는 단계에서는 각 용어에 대한 검증과 검토가 필요하다(박영국, 2011).

· 라이선서(Licensor): 권리자를 통칭하며 상표권 등 지식 재산권을 대행하는 계약의 주체
· 라이선시(Licensee): 권리 사용자
· 프로퍼티(Property): 지식 재산권이 되는 주체(로고, 네이밍, 캐릭터, 아트워크 등)
· 지정 상품(Licensed Item): 라이선시가 상품화하고자 하는 제품 또는 제품군
· 최저 보증 금액(Minimum Guarantee: MG): 계약 시 협

의가 이뤄진 최소, 최초의 보증 금액

· 러닝 로열티(Running Royalty): 최저 보증 금액을 넘겼을 때부터 발생하는 로열티
· 허가 지역(Licensed Territory): 라이선스를 받고자 하는 지역
· 허가 기간(Licensed Period): 라이선스 사용 기간
· 증지(Hologram Stamp): 라이선서에게 교부받는 정품 인증과 사용료 정산에 필요한 스티커
· 보고(Report): 쌍방이 협의한 양식과 기간을 정하여 정기적으로 하는 보고
· 아트워크(Artwork): 계약 시 라이선시에게 제공하는 디자인 소스
· 디자인 승인(Design Confirm): 라이선서가 제공한 디자인 소스로 제품화할 때 승인 여부를 지정하는 절차
· 침해(Infringement): 계약 위반 또는 권리 위반, 불법 복제 제품 또는 무단 사용 등이 해당
· 위약금(Penalty): 계약 위반 시 규정한 지불해야 하는 금액
· 배상(Indemnify): 라이선서 및 라이선시가 상호 간 배상 책임을 규정한 원상회복 또는 금전 배상의 형태
· 샘플(Sample): 지정 상품의 완성 전 제품

· 비밀 보장(Confidence): 계약 상호 간의 계약에 관한 비밀을 약속하는 규정
· 준거법(Standard Law): 분쟁 시 조정을 할 수 있는 준법원 또는 법을 정함
· 유효(Effective): 계약의 시기 발효와 유효를 규정

참고문헌

박영국(2011). 『라이센싱에 대한 기초이해와 실무』. 한국콘텐츠진흥원.

03

스포츠 라이선싱 계약

스포츠 라이선싱 계약은 라이선서와 라이선시의 스포츠 상품화를 위한 계약이다. 지식 재산권(구단 로고, 네이밍, 마스코트 등)을 보유한 라이선서와 이를 활용하여 상품화 사업을 진행하고자 하는 라이선시는 해당 지적 자산에 대한 상품화 품목과 매뉴얼, 적정한 가이드, 로열티 등을 제시하고, 상호 간에 조건이 맞을 때 계약을 진행한다.

스포츠 라이선싱 계약

스포츠 라이선싱 계약은 라이선시가 라이선서의 지식 재산권에 관심을 가지고 상품화를 진행하고자 하는 경우, 그리고 라이선서가 상품화 사업을 진행하는 데 필요한 품목이나 매력 있는 업체에 제안하는 경우가 있다. 라이선서 입장에서 유리한 계약을 진행하려면 아무래도 전자가 유리하다. 따라서 지식 재산권을 알리기 위해 마케팅 비용을 들이고 엄격한 브랜딩 정책을 사용하여 지적 자산의 가치를 오래도록 지속시키려는 노력을 기울일 필요가 있다.

계약 시 고려사항

라이선시와 계약을 진행하면서 고려해야 할 사항은 계약 기간과 상품화 품목, 허용 범위, 그리고 상표 사용권료 부분이다. 프로 스포츠 구단 라이선싱 계약에서 기간은 보통 3년으로 한다. 1년 정도면 상품 개발과 출시, 유통을 경험할 수 있는 충분한 시간이다. 이른 시일 안에 상품을 개발하여 시장에 출시하고 라이선싱 상품에 대한 소비자 반응과 매출 등을 살펴본다. 이미 계약한 라이선시와 계속해서 사업을 진행할지에 대한 빠른 판단을 내리기 위함이다.

계약 기간 다음으로 고려해야 할 사항은 계약을 진행하

고자 하는 상품화군(category)이다. 상품화군은 라이선서에 따라 상이하게 구분된다. 2018 평창 동계 올림픽 라이선싱은 의류, 봉제류, 완구류, 잡화류, 문구류, 가방류, 소품류, 놀이용품류, 생활용품류 등으로 구분하고 있다. 상품화를 진행하다 보면 상품 카테고리에서 겹치는 품목이 있을 수 있다. 그래서 계약 품목은 가능한 한 세부적으로 정하는 것이 좋다. 인기가 높은 지식 재산권을 활용한 라이선싱의 경우 품목을 세분화하고, 세분화한 품목 안에서도 상품 종류와 유통처 등에 따라 계약을 별도로 하기도 한다.

마지막으로 고려해야 할 사항은 사용권료 지급 방식이다. 세 가지 경우가 있는데, 먼저 상품 한 개당 발생하는 로열티를 책정하는 기준, 즉 로열티율을 정하고 이를 기준으로 최저 생산 수량에 대해 라이선시와 의견을 교환하여 최저 보증 금액인 MG를 책정한다. 이에 따라, 최저 생산 수량 이상의 경우 성과에 따라 지급하는 러닝 로열티를 청구하는 방식과 MG만으로 계약하는 방식, 그리고 러닝 로열티만으로 계약하는 방식이 있다.

일반적으로 MG와 러닝 로열티 방식으로 계약을 하지만 사용료 책정이 어렵거나 구조가 복잡한 계약은 MG를 해당 품목 사용에 대한 적정한 금액으로 설정한 일괄 계약

(turnkey)으로 진행한다. 이미 지급한 MG 금액 이외에 별도의 수익 배분은 없는 방식이다. 한편 러닝 로열티만으로 계약하는 경우는 라이선시에 대한 신뢰가 높고, MG에 대해서 크게 의미가 없는 경우다. 재계약을 진행하는 라이선시의 경우 설정된 MG가 단기간 발생할 수 있는 러닝 로열티보다 적거나, 라이선서가 먼저 계약을 희망할 때에 진행하는 게 일반적이다.

프로 스포츠 구단 라이선싱 사업 계약서 내용

일반적인 라이선싱 계약서 내용을 살펴보면, 먼저 라이선서의 상표권 사용 권리 부여와 상표들(이름, 로고, 상징, 시그니처 등) 중에서 상품화할 특정 상표의 범위를 지정하고, 사용 기간, 사용 지역, 판매 매체 등을 정하며, 라이선서와 라이선시의 상호 의무와 협조 관계를 명시한다.

계약서에서 특히 중요한 부분인 상표 사용권료에 대한 지급 방식의 명시가 필요하며, 여기에서 상품당 발생하는 로열티율을 정하고 이를 기준으로, 필요한 경우 최저 보증금액인 MG를 책정하거나, 러닝 로열티 방식 등을 결정한다. 또한 계약 기간 명시 및 계약 기간 만료 시 재고 상품 소진을 위한 상호 협약, 그리고 계약상의 의무 불이행이나 위반 사항이 발생할 경우 계약을 해지할 수 있다는 내용이 포함된다. 계약 당사자 간에 알게 된 영업 정보나 고객 정보, 그리고 기타 영업 비밀 등은 누출되지 않도록 하는 조항이 필요하며, 상대방에게 분쟁이 발생하거나 손해가 발생할 경우에 대한 손해 배상 조항도 포함된다.

라이선서의 상표권 사용에서 라이선서(이하 "A")와 라이선시(이하 "B") 양 당사자 간에 필요한 제반 사항을 규정하기 위한 구체적인 계약서 예시는 부록을 참조하기 바란다.

04

스포츠 라이선싱 관리

스포츠 라이선싱 관리는 라이선싱을 진행하는 과정에서 라이선서와 라이선시가 좋은 관계를 유지하며 명확한 방향을 가지고 수행해야 할 주요 항목들을 체계화하고, 구체화하여 그 운영의 효율을 높이고 성공적인 비즈니스를 진행할 수 있도록 하는 것이다. 관리해야 할 주요 내용은 계약 업체인 라이선시, 계약 및 문서, 디자인, 증지(인증 스티커), 상품, 유통, 매출 등이다.

스포츠 라이선싱 관리

스포츠 라이선싱 관리는 라이선싱을 진행하는 과정에서 수행해야 할 주요 항목들을 체계화하고, 구체화하여 그 운영의 효율성을 높이고 성공적인 비즈니스를 진행할 수 있도록 하는 것이다. 관리해야 할 주요 내용은 계약 업체인 라이선시, 계약 및 문서, 디자인, 증지(인증 스티커), 상품, 유통, 매출 등이다. 일반적으로 성공적인 라이선싱을 위해서는 관리도 중요하지만, 그에 앞서 라이선서의 지적 자산에 대한 지속적인 개발과 공격적인 마케팅이 우선되어야 한다. 그 이유는 대외적으로 지식 재산권이 양적으로 많이 노출되고, 소비자로부터 인기가 있어야 라이선시가 관심을 가지게 되기 때문이다.

라이선싱 관리의 목적은 라이선서와 라이선시가 좋은 유대 관계를 유지하면서, 명확한 콘셉트 전달과 유연한 사고로 우수한 라이선싱 상품을 개발하여 소비자들에게 좋은 반응을 얻는 것이다. 라이선싱 관리의 구체적인 항목들을 살펴보고 성공적인 라이선싱을 위한 방안을 알아보고자 한다.

라이선시 관리

라이선시는 소비자에게 최종적으로 전달할 다양한 라이

선싱 상품을 만드는 협력 업체다. 라이선시는 지식 재산권의 인지도나 가치를 보고 라이선서와 계약을 진행하며 그에 따른 사용료를 지급하지만, 모두가 성공하는 것은 아니다. 라이선시는 라이선싱 상품에 대한 소비자의 반응을 제일 먼저 파악하고, 시장의 동향에 대해서도 누구보다 깊은 관심이 있다. 직접 유통을 통하여 고객을 상대하기도 하지만 대형 유통 채널에 상품을 공급하면서 해당 구매자들로부터 다양한 정보를 얻어 내기도 한다.

라이선서와 계약 업체인 라이선시의 관계가 소원해지는 것은 상품을 만들고 유통하며 시장의 상황에 대해 다양한 의견을 교환하는 등, 실질적인 상품 경쟁력을 갖추는데 비즈니스 파트너로서의 관심과 지원이 부족하기 때문이다. 따라서 라이선서는 정기적인 간담회를 통해 라이선시로부터 다양한 의견을 청취하고, 합리적인 사안에 대해서는 공동으로 대응하는 것이 필요하다.

계약 및 문서 관리

라이선시를 관리하는 라이선싱 담당자는 모든 계약 품목에 대해서 해박한 지식을 가질 수 없을뿐더러 여러 가지 마케팅 업무를 진행해야 하기에 모든 라이선시와 좋은 관계를 유지하기도 쉽지 않다. 그런 이유로 상호 간에 신뢰가 형성되기 전에 다양한 문제점이 노출될 수 있다. 예를 들면, 승인받지 않은 디자인의 상품을 출시하거나 정품임을 인증하는 홀로그램 스티커 미부착, 계약 기간이 만료되었음에도 불구하고 재계약 없이 상품 판매를 계속하는 등 계약 사항을 위반하는 행위가 있을 수 있다.

이럴 경우, 상호 간에 합의를 통해 문제를 해결하는 것이 가장 좋다. 그렇지 않고 법적으로 해결하게 된다면 라이선서와 라이선시는 서로 상처를 입게 되어 지식 재산권을 활용한 스포츠 라이선싱 비즈니스를 계속해서 성실히 수행하기 어렵다.

이러한 문제가 발생하기 전에 라이선서는 계약이나 업체와의 업무 진행에 관련한 각종 문서를 체계적으로 관리하고 주기적으로 갱신해야 한다. 또한 계약서 내용을 꼼꼼히 확인하고 라이선시에게 자세한 사항을 안내해 주어야 한다. 그리고 서로 주고받는 다양한 정보도 문서화하는 것이 좋다. 많이 사용하는 이메일 내용은 계약 업체별로 품목화하여 진행되는 과정을 한눈에 알 수 있도록 보관해야 하며, 모든 공식 문서는 공문 형태로 잘 보관해야 한다. 이는 혹 문제가 생겼을 경우 증빙 자료로 삼을 수도 있지만, 라이선싱 담당자가 여러 가지 사유로 변경되었을 때 업무 인수인계에 도움이 되기 때문이다.

계약서는 연도별로 정리하여 잘 보관하고, 중요 내용은 요약하여 별도의 문서로 보관한다. 요약 부분에는 업체명과 계약 품목, 계약 기간, 사용료에 대한 부분이 포함되어야 하며, 담당자가 별도로 해당 업체나 품목에 대해서 날짜별 상담 내용이나 기타 의견 등을 표시해 놓는다. 이 외에 라이선시와 관련된 다양한 문서, 상품화 신청서, 매출 보고서, 수출입 통관 서류, 사업 계획서, 상품 설명서 등도 즉시 확인이 가능하도록 관리 및 보관해야 한다.

디자인 관리

디자인 관리는 보통 라이선서의 디자인을 담당하는 부서에서 담당하지만 라이선싱 혹은 마케팅 담당자의 주도하에 진행하는 것이 좋다. 이는 상품 자체의 디자인이라기보다는 지식 재산권 상품에 잘 접목될 수 있도록 안내해주는 역할을 하기 때문이다. 국내 프로 야구단은 특수한 상황으로 야구단이 아닌 모기업의 브랜드 전략실, 또는 디자인사업본부 등에서 라이선서의 지식 재산권 디자인을 관리하며 라이선싱 상품 디자인 승인 여부를 결정하기도 한다.

단점은 프로 야구 시장 흐름이나 구단 상품의 객관적 특성, 라이선시의 사업 환경 등을 고려하기 어렵다는 것이다. 프로 야구단의 라이선싱, 혹은 마케팅 담당자가 자체의 지식 재산권을 지침에 적합하게 활용하였는지 등에 대한 전반적인 디자인 관리를 하는 것이 바람직하다.

스포츠 라이선싱 비즈니스를 진행하면서 라이선시와 가장 많은 시간을 보내는 공정은 디자인 승인과 관련된 업무다. 따라서 구단 라이선싱 담당자는 초기에 라이선시와 디자인 관련 내용을 자세히 협의해야 한다. 라이선서의 라이선싱 및 디자인 담당자와 라이선시의 디자인 담당자 간 원활한 의사소통을 위해 지식 재산권 사용에 대한 철저한 교육이 이루어져야 하며, 사용 지침이나 다양한 디자인 모양 등을 포함한 지식 재산권 매뉴얼은 디자인 교육 후 제공하여야 한다.

라이선서 디자인 담당자는 디자인 사용 지침의 변경이나 신규 매뉴얼 배포가 필요할 경우 라이선싱 담당자와 협의하여 라이선시에게 가능한 한 이를 신속하게 전달해야 한다. 또한 라이선시 디자인 담당자들과 원활한 의사소통을 위하여 주기적인 시장 조사와 함께 정기적으로 라이선시 업체를 방문하는 등 일정을 관리해야 한다.

디자인 승인은 1차적으로 상품 디자인에 대한 시안 검수, 그다음 견본 검수, 마지막 완제품 검수로 진행된다. 이때 라이선서 디자인 담당자는 계약 업체가 디자인 검수에 많은 시간과 비용을 들이지 않도록 정확한 지침을 내리는 방안을 연구해야 한다. 예를 들면, 마스코트나 캐릭터 인형의 봉제 제품은 자수나 형태 변형의 범위 등 디자인 승인 과정을 통해 습득한 세부 사항을 지침화해야 한다. 혹은 마스코트나 캐릭터 몰드를 사용하는 상품의 경우 원형에 대해 승인하는 과정이 비교적 엄격하기 때문에 시간과 비용이 많이 들어간다는 점을 인지하여야 한다.

따라서 기본적인 원형을 라이선서가 직접 개발하여 계약 업체에 유상으로 공급하거나 별도의 모형(mockup)이나, 스리디(3D) 매뉴얼을 개발하여 배포하는 것도 한 방법이다. 또는 라이선서의 디자인 개념을 정확히 이해하여 작업할 수 있는 업체들과 네트워크를 형성하는 등, 라이선싱 담당자와 상의하여 디자인 승인에 걸리는 시간과 비용을 최소화하는 방안을 마련하여 실제 업무에 적용해야 한다.

중지(인증 스티커) 관리

'중지'는 홀로그램 스티커를 의미하며, 라이선서의 저작물에 대한 고유의 인증 스티커라 할 수 있다. 보통 정품 인증 형식으로 많이 사용되는데 불법 복제품과의 구별이나 차별화를 위해 사용되고 상품 낱개마다 부착함으로써 로열티 계산의 근거로도 활용된다. 지식 재산권의 인지도가 높아 시중에 이와 유사한 복제품이 판매되고 있다면 가장 먼저 확인해야 할 부분이 정품임을 확인할 수 있는 인증 홀로그램의 부착 여부다. 중지는 상품의 가장 잘 보이는 곳에 부착하게 되어 있기 때문에 바로 식별할 수 있다. 라이선서 담당자가 시장 조사를 통하여 중지가 제대로 부착되어 있는지 확인할 수 있지만, 전국 유통망이나 온라인 쇼핑몰 등 모든 영역을 확인하기가 어렵기 때문에 별도의 단속 업체와 위임(outsourcing) 계약을 체결하여 단속 업무를 진행하기도 한다.

라이선서가 주로 사용하는 중지는 가로 1.2cm, 세로 1.2cm의 정방향이며, 주로 지식 재산권의 로고나 엠블럼 등이 디자인된다. 중지는 사용 빈도에 따라 주기적으로 디자인을 변경하는데 연도별로 새롭게 제작하기도 하고, 사용 지역에 따라 다른 디자인의 중지를 배포하기도 한다. 또한 중지는 사용 지역의 고유 표기나 색상으로 구별되기도 하고, 상품 가격에 따라 번호를 별도로 부여하기도 하는데, 이는 보통 라이선싱 계약이 지역이나 상품 품목에 따라 업체별로 구분되기 때문이다. 중지는 전문 제작업체에 의뢰해서 제작하는데 기본적인 동판 비용이 많이 지출되기 때문에 사용량이 많지 않은 라이선서의 경우는 비용이 부담스러울 수 있다. 하지만 가능하면 정기적으로 교체하여 부착된 상품의 이력을 중지로 확인할 수 있도록 하는 것이 바람직하다.

중지는 로열티, 즉 지식 재산권에 대한 사용료의 근거로 활용된다. 라이선싱 계약 방식에 따라 다르지만, 계약과 동시에 체결된 최저 보증 금액인 MG만큼의 중지를 교부하고 계약 시 인수한 중지를 종료 시점까지 다 사용하지 못하였을 경우 계약 종료 시 회수한다. 라이선시가 필요로 할 때 건별로 신청하면 디자인 승인이 완료된 품목에만 중지를 제공하는 라이선서도 있다. 불법 제품의 방지를 위해서는 후자가 바람직하지만 여러 가지 관리를 하는 면에서는 전자보다 복잡하다는 단점이 있다.

중지 및 로열티는 라이선서의 회계, 경리, 경영 관리를 담당하는 부서가 주로 맡게 되는데 이는 중지가 로열티와 관련되어 있기 때문이다. 라이선싱 담당자는 계약과 사용료 책정, 중지 교부 등에 대하여 라이선시별로 중지 및 로열티 정산 담당자에게 정확히 전달해야 한다. 중지 및 로열티 정산 담당자도 지식 재산권 사용료에 대한 명세를 잘 보관하여 사용료 청구, 사용료 현황, 세금 계산서 송부 현황 등 자세한 사항을 라이선싱 담당자와 충분히 소통해야 한다.

상품 관리

최종 디자인 승인이 난 후 라이선시로부터 완제품을 받는데, 그 수량은 계약서에 별도로 표기하지만 제품 가격이나 옵션 사항 등에 따라 다르다. 지식 재산권에 대한 디자인이 해당 상품에 정확히 적용되었는지 내부적으로 확인하는 차원에서 필요하고, 때로는 대외적인 전시회를 통해 상품을 전시(display)할 때도 상품 관리가 필요하다.

상품 관리는 라이선서에게 제공된 완제품을 잘 보관할 수 있도록 별도의 공간을 확보해야 하는 부분과, 상품 품목 등을 컴퓨터 파일로 저장할 수 있는 데이터베이스를 구축하는 부분이 해당된다. 완제품의 보관은 라이선싱 비즈니스의 흔적으로 남기 때문에 제품이 훼손되지 않게 장기간 잘 보관할 수 있는 장소를 선별해야 한다. 제품의 자료 축적(data base)을 위해서는 제품의 사진 자료, 즉 정면, 측면, 후면 등의 이미지와 상품명, 가격, 제조 회사, 유통처, 바코드, 색상, 재질, 옵션 등을 상세히 기록할 수 있는 별도의 양식을 마련해야 한다. 또한 홈페이지나 인터넷 쇼핑몰에 등록하여 온라인으로 확인 가능하게 하는 것도 중요하다.

유통 관리

유통 관리는 라이선서의 지식 재산권을 사용한 상품이 시장에서 어떻게 유통되는지를 살펴보고, 라이선서가 추구하는 라이선싱 정책에 맞게 유통 전략을 펼치는 활동이다. 대형 할인점과 인터넷 쇼핑몰, TV 홈쇼핑 등 새로운 유통 채널이 형성되었음에도 스포츠 라이선싱 시장은 아직도 프로 스포츠 구단 경기장 매장과 구단 공식 온라인 쇼핑몰을 중심으로 유통이 이루어지고 있어 많은 성장을 이루지 못하고 있다. 외국에서 패션 회사 'F&F MLB 라이선싱' 상품들이 주요 백화점과 공항 면세점에서까지 유통되는 것과는 대조적이다.

라이선서는 시장에서 유통되는 라이선싱 상품들의 데이터를 지속적으로 분석해야 한다. 상품의 판매 가격, 표적 시장 및 소비자, 주요 유통 채널, 마케팅 등이 분석 대상인데 라이선서의 지식 재산권 상품뿐만 아니라, 경쟁사 상품에 대한 자료도 꾸준히 확보하고 분석하여 이에 대한 보완책을 모색해야 한다. 때로는 라이선시와 공동으로 유통 확보에 대한 전략을 세우고 지식 재산권 상품에 대한 유통 채널에 관한 기본적인 가이드를 제시해야 한다.

매출 관리

매출은 라이선서 입장에서 라이선시와 체결한 계약에 따른 최저 보증 금액 및 러닝 로열티다. 라이선시 입장에서는 라이선싱 상품 판매 대금이 주요 매출이 된다. 증지(인증 스티커) 관리에서 살펴본 것처럼 라이선서의 매출 담당자는 증지 관리와 라이선서의 매출 관리를 동시에 해야 한다.

로열티의 발생 시점과 청구 시점, 입금 시점에 대한 기준을 마련하고 라이선시에게 정확히 전달해야 하며, 라이선시별 증지 신청서나 기타 증빙 자료를 보관하여 언제든지 열람할 수 있게 해야 한다. 또한 라이선싱 담당자에게 현재 진행되고 있는 라이선싱 사업의 매출 추이나 변동 사항도 주기적으로 정확히 보고하여 라이선싱 담당자가 라이선싱 사업을 원활히 진행할 수 있도록 협조해야 한다.

05

스포츠 라이선싱 활성화 방안

현재 국내 스포츠 라이선싱 사업은 프로 야구단 유니폼과 모자 등 일부 품목에 한정되어 판매하였던 과거와는 달리 구단의 노력과 팬들의 호응 속에 100가지가 넘는 다양한 라이선싱 상품이 출시되고 있으며, 관련 사업은 지속해서 성장하고 있다. 하지만 아직까지도 국내 스포츠 라이선싱 상품 판매는 수익 창출보다는 팬들과의 유대감을 높이고 인지도를 높이기 위한 팬 서비스 차원으로만 바라보는 실정이다.

프로 야구단 라이선싱 비즈니스의 문제점

국내 스포츠 라이선싱 비즈니스의 문제점을 살펴보고, 관람 스포츠로는 시장 규모가 가장 큰 프로 야구를 중심으로 활성화 방안을 제시해 보고자 한다.

프로 야구에서 스포츠 라이선싱 비즈니스가 성장하지 못하는 원인은 첫째, 라이선서인 프로 야구단이 요구하는 지식 재산권 사용료가 시장 규모에 비해 과도하다는 것이다. 라이선시 입장에서는 지식 재산권 사용료가 초기 투자 비용의 성격인데 갈수록 사용료가 높아지는 데 반해, 국내 시장은 그 투자 비용을 수익으로 환원하기 어려운 상황이다.

예를 들면, 지식 재산권 사용료가 연간 1억 원이라고 했을 때 라이선싱 사업을 통해 얻는 수익이 최소한 1억 원 이상이 되어야 하지만 현실은 그것도 어렵기 때문이다. 시장 현실을 무시한 높은 금액의 로열티는 수익이 중요한 라이선시에게 그대로 전가되기 때문에 높은 가격대의 라이선싱 상품을 출시하거나, 가격 대비 상대적인 품질의 저하로 연결되고, 이는 곧 판매 부진으로 이어지는 악순환을 낳게 된다.

이를 개선하기 위해서는, 현재 구단의 지식 재산권 사용료인 최저 보증 금액의 액수를 하향 조정하고, 상품 판매 금액의 일정 부분을 로열티로 지급하는 러닝 로열티와 같은 상호 보완적인 제도의 비중을 높여 라이선서와 라이선시가 상생할 수 있는 사업 환경을 조성해야 한다. 우수한 라이선시를 선정하기 위해서 업체 평가 시, 보증 금액 규모에 따른 사업자 선정 방법보다는 사업 수행 능력의 비중을 높여 중장기적으로 사업이 발전할 수 있는 토대를 마련해야 한다.

둘째, 라이선싱 비즈니스에 대한 전문 능력을 보유한 프로 스포츠 구단 내부의 인적 자원의 부족 문제다. 성공적인 라이선싱 사업을 위해서는 라이선서의 역할이 매우 중요하다. 지식 재산권을 갖는 상품의 가치를 끌어올려야 함은 물론, 라이선시 업체 선정이나 협업에서도 주도적 역할을 하여 사업이 성공할 수 있도록 해야 한다. 또한 라이선싱의 권리 보호와 수입 증대를 위해 라이선싱 규정과 지침을 제정하고, 이를 통해 위조 상품 단속과 라이선시 권리 보호에 최선을 다해야 한다.

라이선싱 사업은 프로 야구단 프런트의 마케팅 팀 내부 구성원이 담당하는 경우가 대부분인데, 전문 능력이 필요한 포지션임에도 불구하고 라이선시보다 관련 지식이나 경험이 부족한 경우가 많다. 이를 보완하기 위해서는 전문가를 외부에서 초빙하여 라이선싱 업무를 진행하는 것도 방법이 될 수 있을 것이다.

셋째, 라이선싱 사업 기간이 짧다는 점이다. 대부분 구단은 통상 2년 또는 3년(2+1년)의 계약 기간으로 사업을 진행한다. 하지만 계약을 체결한 라이선시 입장에서는 정상적인 사업을 전개하기에 매우 짧은 기간이라고 할 수 있다. 그 이유는 사업 첫해에 이전 라이선시 업체의 재고 소진 기간을 6개월 인정해 주기 때문이다. 구단 대표 상품인 유니폼의 디자인이 변경되지 않는다면 같은 디자인의 상품을 다른 가격으로 경쟁해야 한다.

이전 라이선시 업체의 상품은 제조 원가 수준의 가격으로 판매되어 수익을 내기가 매우 어려운 실정이다. 사업의 재계약이 불투명한 마지막 연도 역시 과감한 투자는 무모할 수 있기 때문에 2년 차가 안정적으로 사업을 펼칠 수 있는 유일한 기간이라고 할 수 있다.

따라서 일반 패션 브랜드의 라이선싱 계약과 같이 최소한 5년 정도의 기간이 필요하다. 이를 통해, 구단과 라이선시 업체가 구단 상품을 브랜드화하여 전략적 사업 파트너로 사업 전개 방향과 사업 아이템을 구상한다면 성공적인 비즈니스 모델을 구축하고 사업을 이끌어 갈 수 있을 것이다. 2021년 패션 분야에서 올해의 브랜드로 선정된 'MLB'는 국내에서 6400억 원(성인 5600억 원/어린이 800

억 원), 그리고 중국에서 5000억 원의 매출을 기록하였다. 이렇게 놀랄 만한 매출 실적을 달성할 수 있었던 데는 여러 가지 요인이 있겠지만, 라이선서인 MLB 사무국과 라이선시인 'F&F'가 1997년부터 지속적으로 공고한 파트너십을 유지했기 때문이다.

넷째, 프로 야구단 상품도 하나의 패션 품목으로 보고 접근해야 한다는 생각의 부재다. 앞서 언급한 패션 기업 F&F가 전개하는 브랜드 'MLB'의 성공 사례를 보면, 주로 뉴욕 양키스, LA 다저스, 보스턴 레드삭스 구단 로고의 상품이 전체 상품의 80% 이상을 차지한다. MLB에서 지식재산권에 대한 라이선스 계약을 한 후 거기에 한국 고유의 색상을 입혀 기존에 없던 완전히 새로운 패션을 선보인 것으로 유명하다. 패션과는 관계가 없을 듯한 스포츠 지식재산권을 브랜드화하여 패션이라는 코드로 재해석한 전략이 맞아떨어진 것이다. 이처럼 보다 유연한 생각과 창의적인 시도를 해야 한다.

MZ 세대에게 국내 프로 야구의 인기가 점점 식고 있는 요즘, 그들을 위한 보다 창의적이고 새로운 시도를 해 보는 것도 하나의 방안이 될 수 있다. 예를 들어, 패션 시장에서 유행하는 '블록코어(blockcore)' 스타일을 제안하기 위해 프로 야구단의 전통적인 복고풍(retro) 유니폼에 데

님(denim)이나 색다른 소재와 다양한 색상을 입히고, 유행을 추구하며 가격이 저렴한 스트리트 브랜드(street brand)와의 협업을 통해 상품을 출시하는 것은 어떨까.

개성이 넘치는 예술가(artist)들과 협업하여 재미와 위트를 접목해 변형(reform) 패션으로 재해석한 상품을 출시하는 것도 하나의 방안이 될 수 있을 것이다. 이와 같은 방안을 주제로 전시회를 열고, 경매 등을 진행하면 많은 주목을 받을 수 있을 것이다. 정보의 홍수 시대에서 새롭고 특별한 시도를 통해 대중의 관심과 이목을 끌게 해야 할 때이기 때문이다.

프로 야구단 라이선싱 비즈니스 활성화 방안

국내 스포츠 라이선싱 시장은 활성화되지 않아 자본, 인력 및 조직을 갖춘 우수한 라이선시를 찾아보기가 쉽지 않은 것이 현실이다. 중소기업이 대부분인 스포츠 라이선싱 사업 추진 업체들은 인적 자원 및 역량의 부족으로 다양한 디자인을 활용한 경영 성과 창출과 사업 구조 고도화에 어려움을 겪고 있다.

라이선싱 비즈니스로 성공을 거둔 패션 대기업이나 캐릭터 라이선싱 회사들은 스포츠 라이선싱 사업에 아직은 매력을 느끼지 못해 미온적인 태도를 보이고 있다. 이러한 상황에서 라이선서인 프로 야구단이 라이선시에 제공할 지식 재산권 보호 시스템, 쉽게 인지되고 매력적인 지식 재산권의 브랜드 개발, 브랜드 정체성과 가이드라인 개발 등을 통해 보다 매력적인 스포츠 지식 재산권을 구축해야 한다.

결국 지식 재산권 보유자이자 라이선서인 프로 야구단이 사업에 대한 성공 의지를 갖고 사업 수행 능력이 뛰어난 라이선시를 선정하고, 선정된 라이선시를 적극적으로 지원하여 원활한 협업 관계를 이루어 나갈 때 국내 스포츠 라이선싱 사업은 성공할 수 있을 것이다.

06

라이선시 브랜드의 글로벌 성장 전략

미국 4대 프로 스포츠 리그인 프로 야구(MLB), 프로 농구(NBA), 프로 미식축구(NFL), 프로 아이스하키(NHL)와, 미국 대학 스포츠를 총괄하는 기구인 전미 대학 체육 협회(National Collegiate Athletic Association: NCAA), 그리고 유럽 유수 프로 축구팀들의 로고, 엠블럼, 캐릭터, 이미지 등의 지식 재산권을 활용하여 글로벌 스포츠 라이선싱 비즈니스를 전개하고 있는 '마제스틱' 브랜드 이야기를 통해 라이선시 브랜드의 글로벌 성장 과정을 알아보고자 한다.

스포츠 라이선싱 사업의 선두 주자 '마제스틱'

미국의 4대 프로 스포츠 리그인 MLB, NBA, NFL, NHL과 미국 대학 스포츠를 총괄하는 NCAA 및 유럽 프로 축구팀들의 로고, 엠블럼, 캐릭터, 이미지 등 지식 재산권을 활용하여 글로벌 스포츠 라이선싱 비즈니스를 전개하고 있는 '마제스틱' 브랜드의 성장 과정을 파악해 보고자 한다.

'마제스틱'은 1982년 배팅 연습 유니폼 공급을 시작으로 1984년 MLB와 공식 라이선스 계약을 체결했고, 2005년 전까지는 롤링스(Rawlings), 러셀 애슬레틱(Russell Athletic)과 함께 각 구단에서 원하는 제조사 브랜드에 일임하여 라이선싱 상품을 제작, 공급하였다. 그러다 2005년 MLB 30개 전 구단 독점권을 가지고 유니폼을 공급하기 시작했다.

'마제스틱'은 미국 플로리다주 탬파(Tampa)에 있는 본사가 북미와 중남미의 아메리카 시장을 주로 담당하고, 해외 지사를 아시아 시장은 일본 도쿄에, 유럽 시장은 영국 런던에 각각 두고 직접 사업을 진행하였다. 이후 대한민국의 시장 가능성을 보고 처음으로 국내 프로 야구단과 라이선싱 계약을 체결하였다. 2015년 국내 사업을 시작할 때 저자가 브랜드 디렉터로서 참여하여 어떻게 하면 국내 시장에 안정적으로 정착해 사업을 잘 진행할지 진지하게 고민하게 되었다. 그 시작은 KIA 타이거즈 프로 야구단과의 스포츠 마케팅, 스폰서십과 라이선싱 계약이었다.

'마제스틱'의 주요 연혁

마제스틱은 1976년에 미국 펜실베이니아주의 파우스트 카포비안코 3세(Faust Capobianco III)가 설립하였으며, 1982년 MLB 배팅 연습용 유니폼(Batting Practice Jersey)을 제작 및 공급하기 시작하였다. 이어 1984년 MLB 사무국과 공식 라이선스 계약을 체결하였고, 2005년에는 MLB 전 구단의 유니폼 공식 공급 계약을 체결하였다.

2007년에 미국 최대 패션 기업 'VF'와 인수 합병(M&A)을 체결하였고, 'VF 라이선스 스포츠 그룹(VF Licensed Sports Group)'을 설립하여 미국 4대 프로 스포츠(MLB, NBA, NFL, NHL)의 라이선싱 비즈니스에 집중하였다.

2014년 한국에서 마제스틱 본사와 KNB 스포츠가 국내 최초로 브랜드 라이선싱 계약을 체결하며 '마제스틱코리아'를 설립하고 본격적으로 사업을 시작하였고, 한국에서 MLB 유니폼 독점 공급 업체로 널리 알려지기 시작하였다.

2015년에는 마제스틱코리아와 KIA 타이거즈 프로 야구단이 라이선싱 계약을 체결하였고, 각종 상품의 디자인을 개선하면서 팬들의 좋은 반응을 얻었다. 2018년부터 KIA 타이거즈 공식 머천다이즈 판매권을 획득하였다.

'마제스틱' 글로벌 성장 전략

다른 패션 브랜드와 차별화되는 마제스틱 브랜드의 특징은 미국 프로 스포츠 리그는 물론, 맨체스터 시티, 리버풀 FC 등 세계적인 프로 스포츠 리그, 구단의 라이선싱 상품에 대한 혁신적인 디자인과 스포츠에 대한 전문 지식으로 선수들부터 팬들까지 만족하는 최상의 상품을 만든다는 것이다. 선수들에게는 경기력 향상에 도움이 되는 '플렉스베이스(flexbase: 활동성을 극대화한 소재)', '쿨베이스(coolbase: 가볍고 통기성이 우수한 소재)', '서마베이스(thermabase: 가볍고 따뜻한 소재)' 등의 기능성 신소재를 사용하고, 새롭게 디자인된 스타일을 제공한다. 팬들에게는 팬들이 응원하는 구단의 최신 스타일과 그래픽 디자인을 활용한 제품을 제안하여 유니폼부터 티셔츠까지 팬들의 열정을 상품으로 표현한다.

마제스틱 유럽 지사에서는 축구를 중심으로 스포츠 라이선싱 비즈니스를 전개하며, 특히 영국을 중심으로 유럽 시장, 더 나아가 아시아 시장으로 진출하였다. 그 이유는 글로벌 비즈니스로 사업성이 좋은 10대 스포츠 프로퍼티에 유럽 프로 축구, 미국의 프로 미식축구, 프로 야구, 프로 농구, 프로 아이스하키, F1 그랑프리 등이 속해 있는데, 이 중에서 유럽 프로 축구팀 4개 구단이 10대 스포츠 프로퍼티에 순위를 차지하고 있었기 때문이다. 또한 FIFA에 가입된 국가가 205개국이고, 전 세계 축구 구단이 30만 개가 넘는 축구가 스포츠 중에서 가장 글로벌하여 수익화하기 좋고, 유럽에서는 영국이 가장 적합하다고 한다.

유럽 프로 축구팀의 라이선싱 비즈니스 의류 판매 비율을 살펴보면, 크게 세 가지로 구분할 수 있다. 전체 시장에서 나이키, 아디다스, 푸마, 뉴발란스 등 구단 키트 후원사(kit sponsor: 선수단 유니폼 및 용품을 공급하는 후원사)의 레플리카 유니폼이 80%를 차지하고, 구단 키트 후원사의 트레이닝 웨어가 15%, 구단 지식 재산권을 활용한 팬웨어가 5%의 비중을 차지한다. 이러한 상품들은 제한된 수량과 판매가 잘되는 몇 가지 품목으로 제한되어 지역 시장에서 주로 판매되며, 가격이 비교적 저렴하고 품질이 좋지 않은 경우가 대부분이다.

따라서 마제스틱은 유럽 지사를 활용하여 글로벌 팬이 많은 네 개 프리미엄 유럽 축구 구단(맨체스터 유나이티드, 리버풀, 맨체스터 시티, 셀틱 구단)과의 라이선싱 계약을 통해 비즈니스를 전개하고자 하였다. 이 네 개 유럽 축구 구단은 미국 프로 스포츠 구단의 오너십(ownership)도 같이 하는 경우가 있어 이미 MLB, NFL 사무국과 해당 구단들과의 라이선싱 파트너십을 마제스틱이 진행하고 있기에 사업을 어렵지 않게 진행할 수 있었다.

유럽 축구 구단들은 복수의 라이선시보다는 단독의 파트너가 글로벌 유통을 전개하고 제품 생산 능력이 있고 재무적으로 안정되어 장기적으로 원활한 파트너십을 할 수 있는 전문가 집단을 원하고 있었다. 이러한 조건을 충족시킬 수 있는 회사로 마제스틱이 라이선싱 파트너로 적합하다고 인식되었다.

리버풀 FC는 영국 프리미어 리그 구단 가운데 가장 인기 있는 축구단 중 하나이며, YNWA(You'll Never Walk Alone: 그대 결코 혼자 걸어가지 않으리) 철학으로도 유명하다. 또한 미국 팬웨이 스포츠 그룹, MLB 보스턴 레드삭스 야구단의 지분을 보유하고 있는 축구단으로 마제스틱 본사가 이미 MLB 사무국과 보스턴 레드삭스 구단과의 라이선싱 사업을 진행하고 있어 마제스틱 유럽 지사에서 본사의 협조를 통해 더욱 쉽게 리버풀 구단과 라이선싱 계약을 진행할 수 있었다.

마제스틱 유럽 지사에서는 리버풀 축구단의 라이선싱

의류를 크게 세 가지 컬렉션으로 구성하여 상품을 기획하였다. 첫 번째는 '프리미엄 컬렉션(premium collection)'이다. 최고 품질의 상품과 라이프 스타일 패션 아이템으로 고급 백화점에 유통되는 상품이다. 두 번째는 '레전드 컬렉션(legend collection)'으로 복고풍의 디자인과 빈티지, 트랙재킷(track jacket)에서 영감을 받은 디자인의 상품으로 합리적 가격의 소재를 활용하였다.

세 번째는 '팬웨어 컬렉션(fanware collection)'이다. 가장 판매가 잘되는 상품 아이템으로, 그래픽 디자인이 중요한 요소이며, 온라인 스포츠 매장, 공식 팀 매장, 오프라인 유통 채널 등에서 판매하였다. 이렇게 기획한 상품을 더욱 고급스럽고 세련되어 보이도록 2015년 당시 리버풀 축구단의 간판 스타였던 필리피 코치뉴 선수 등 유명 선수들을 모델로 세워 시각적 콘텐츠를 강화하며, 상품을 마케팅하고 홍보하였다.

국내에서도 일부 상품을 수입하여 판매를 하며 유럽 축구 라이선싱 상품에 대한 시장의 잠재력을 검토하였는데 결론은 쉽지 않았다. 아무래도 유니폼 키트 제조사인 나이키, 아디다스, 푸마, 뉴발란스 등의 유명 브랜드에서 제작한 상품이 아니었고, 마케팅이 부족하였기 때문에 MLB 패션 상품(F&F에서 MLB 사무국과 라이선싱 계약을 체결하여 출시한 상품)과는 다르게 반응이 좋지 않은 결과로 나타났다.

국내 시장에서의 유럽 축구 관련 라이선싱 상품은 지식재산권 못지않게 브랜드 제조사도 매우 중요한 영향을 미치고 있음을 알 수 있었다. 결국, 유명 로고나 캐릭터 등 시각적으로 매력적인 요소를 기본적으로 내세우는 마케팅과 함께 소비자들의 자아 이미지와 라이프 스타일에 적합한 패션 스타일을 어떻게 조화롭게 제안할지에 대한 마케팅이 매우 중요하다는 것을 알게 해 주었다.

07

컬래버레이션으로 명품화되어 가는 라이선싱 상품

스포츠 라이선싱에서 프랑스의 전통 있는 프로 축구팀인 파리 생제르맹 FC는 라이선싱 상품의 고급화, 명품화를 추구하며 라이선싱 상품의 수준을 한 단계 더 높여 준 흥미로운 사례다. 단순한 프로 축구단 라이선싱을 뛰어넘어 패션과 문화, 예술을 아우르는 고급 라이프 스타일 브랜드로 거듭나려는 전략을 쓰고 있기 때문이다.

컬래버레이션을 통한 명품화 전략

최근 한국 팬들의 관심을 한 몸에 받고 있는 유럽 축구단이 있다. 바로 프랑스 프로 축구팀인 파리 생제르맹 FC(Paris Saint-Germain FC: PSG)다. 국내 축구 팬들에게 인기가 높은 이강인 선수를 영입했기 때문이다. 구단 공식 스토어에서는 '19 LEE KANG IN'이 적힌 유니폼이 부족하여 팔지 못할 정도이며, 갑자기 몰리는 주문에 한국 배송이 지연된다는 공지가 안내되기도 한다.

스포츠 라이선싱 측면에서 PSG는 매우 흥미롭다. 단순한 프로 축구단의 라이선싱을 뛰어넘어 패션과 문화, 예술을 아우르는 고급(luxury) 라이프 스타일 브랜드로 거듭나려는 전략을 쓰고 있기 때문이다. 이는 글로벌 패션 비즈니스에 대한 권위 있고 분석적인 관점으로 세계적으로 인정받고 있는 잡지인 ≪패션 사업(Business of Fashion: BOF)≫에서 2022년 3월 11일 자에 "축구팀의 라이선싱 상품이 명품이 될 수 있는가?(Can a Football Club Become a Luxury Brand?)"는 제목으로 게재한 기사에서도 알 수 있다.

주된 내용은 "PSG는 뉴욕에서 16번째 오프라인 스토어를 오픈했으며 앞으로도 주요 도시에 매장을 오픈할 계획이다. 명품 패션 브랜드인 크리스찬디올, 에어조던, 스트

리트 브랜드인 스투시와의 파트너십과 협업을 통해 PSG 브랜드를 패션 분야로 끌어올리며 파리 스타일, 힙합, 청소년 문화와의 관계를 구축하는 데 도움이 되었다. 온라인 스토어의 전자 상거래 매출은 아시아와 북미 지역 확장에 힘입어 2020년 이후 300% 성장을 하고 있다"는 것이다(Daniel, 2022).

독특한 형태의 PSG 라이선싱 비즈니스

PSG는 어떻게 축구 팬뿐만 아니라 축구에 관심이 없는 이들의 마음까지도 얻을 수 있었을까? 우선 팀에 대한 공격적인 투자로 경기력을 향상하며 이기는 팀이 되었다. 이에 따라, 팬들의 충성도와 함께 구단 라이선싱 비즈니스의 수익도 여섯 배 이상 증가하여 6000만 유로(약 876억 원)를 넘겼다. 축구를 잘하는 팀이 되는 것은 PSG의 큰 그림에서 첫 단계에 불과하였다. 2011년 부임한 나세르 알 켈라이피(Nasser Al Khelaifi) 신임 회장은 테니스 선수 출신의 스포츠 경영 전문가이자 카타르 스포츠투자청의 회장이다. 그는 PSG 인수 당시 PSG를 훌륭한 팀이자 강력한 브랜드로 만들어 팬들이 자부심을 느끼게 만들겠다고 선언하였다. 단순히 이기는 팀을 뛰어넘어 널리 사랑받는 글로벌 브랜드로 만드는 것이 목표였다.

PSG 브랜딩 전략의 핵심 키워드는 파리(Paris)인데, MLB의 뉴욕 양키스나 NBA의 시카고 불스처럼 PSG를 파리를 대표하는 브랜드로 만드는 것이었다. 그럼 PSG는 파리라는 도시의 매력을 어떻게 축구팀 브랜딩에 녹여 냈을까? 스포츠 영역 바깥의 브랜드들과 활발한 협업을 진행하였다. PSG 구단 내부에는 CBO(chief brand officer: 최고 브랜드 책임자)라는 직책의 임원으로 음악 업계에서 일하던 파비앙 알레그레(Fabien Allègre)가 부임했다.

2008년 PSG에 합류하여 패션, 스타일, 디자인, 우아함을 상징하는 파리의 디엔에이(DNA)와 정체성, 독창성을 활용하여 강력하고, 창의적인(creative) 콘텐츠를 갖춘 라이프 스타일 브랜드가 될 수 있는 역량을 제공하려 노력하였다. 이를 통해, 디자이너 브랜드와 협업하여 PSG 상품은 파리의 패션 박람회에서 상의는 유니폼이지만 골반 아래 부분은 드레스인 의류를 입은 모델이 무대(runway)에 올랐다. 이 의상들은 리폼된 작품으로 블록코어의 유행을 불러일으키게 된다. 경기를 관람할 때 응원하는 팀의 유니폼을 일상에서 입는 문화가 MZ 세대를 중심으로 패션으로 자리 잡은 것이다. 패션에서 가능성을 본 PSG는 가볍고 경쾌한 콘셉트의 여성복과 비치웨어 컬렉션을 선보이며 그 행보를 이어 갔다.

패션 분야 컬래버레이션 이외에도 PSG는 록밴드인 롤링스톤스(Rolling Stones)의 유럽 투어를 기념하여 의류와 잡화를 출시하고, 파리 샹젤리제 거리에 있는 유니폼 스토어인 '파리 생제르맹부티크'에서 젊은 파리지앵에게 인기를 끌며 성황리에 운영되고 있다. 이처럼 PSG는 축구 분야에만 집중하는 것이 아니라 팬들의 관심을 끌 수 있는 음악, 예술, 패션, 건강한 음식 등을 통해 팬들과 소통하고 새로운 세대의 클럽이 되기 위해 노력하고 있다(백수진, 2023).

PSG 축구단은 나이키 '에어조던'과의 협업으로 정점을 달렸다. 2018년 9월 PSG는 축구 클럽 최초로 에어조던 브랜드와 라이선싱 계약을 체결하였다. PSG는 에어조던과의 협업을 통하여 많은 호평을 받고 구단 역사상 최초로 유니폼 판매 100만 장을 돌파하기도 하였다. 특히 북미 팬들의 반응이 매우 뜨거웠다. 그 후 유니폼 형태를 뛰어넘어 후드 티, 재킷, 운동화 등 라이프 스타일 계통으로 제품군을 확장하였다.

PSG는 다른 스포츠 구단과는 차별화되는 청사진을 통해 라이선싱 전략을 취하고 있다. 선수들의 구성도 매우 중요하지만, 메시와 네이마르 같은 유명 스타 선수들이 다른 리그로 이적하는 것을 강제로 막을 수만도 없으므로 브랜딩을 함께 하여 축구단을 뛰어넘어 라이프 스타일 브랜드로 거듭나고자 하는 것이다. 축구단도 하나의 명품 브랜드로 인식하게 하는 전략을 구사하고 있는 PSG가 앞으로 어떠한 창의적인 라이선싱 비즈니스를 전개하는지 살펴보는 것도 매우 흥미로울 것이다.

참고문헌

백수진(2023.8.17). 파리 생제르맹 FC: 가장 프랑스다운 매력으로, 글로벌 브랜드를 꿈꾸다.
https://www.longblack.co/note/789

Daniel, M.(2022.3.11). Can a Football Club Become a Luxury Brand?
https://www.businessoffashion.com/articles/retail/can-a-football-club-become-a-luxury-brand/

08

팬들과 소통하는 스포츠 라이선싱

프로 스포츠 구단에서 새로운 유니폼을 팬들에게 공개할 때는 상당히 면밀한 과정이 필요하며, 좋은 결과를 얻기 위해서는 팬들의 의견과 반응을 지속적으로 예의 주시하고 검토해야 한다. 팬이 없으면 구단도 존재할 수 없다는 말이 있듯이, 새로운 유니폼을 구상할 때야말로 일방적인 의사 결정이 아닌, 팬들과 다양하게 소통하는 과정을 거쳐야 팬들에게 더욱 가까이 다가갈 수 있을 것이다.

KBO 리그 프로 야구단 라이선싱 사업 영역

KBO 리그 프로 야구단 라이선싱 사업은, 상품군을 크게 세 영역으로 구분하여 라이선싱 비즈니스를 진행하고 있다. 즉, 어센틱 사업권, 레플리카 유니폼 사업권, 그리고 용품 · 잡화류 · 캐릭터 상품 등의 사업권이다.

첫째, 어센틱 사업권(authentic uniform business)은 선수용 유니폼, 모자, 트레이닝 의류, 용품 등 주로 경기장(on-field)에서 착용하는 상품의 제작 및 유통, 판매권을 말한다.

둘째, 레플리카 유니폼 사업권(replica uniform business)은 선수용 유니폼(어센틱 유니폼)의 보급형 제품의 제작 및 유통, 판매권이다.

셋째, 용품 · 잡화류 · 캐릭터 상품 사업권(accessory, character goods business)은 사무용품, 생활용품, 액세서리, 응원용품, 캐릭터 컬래버 상품 등의 제작 및 유통, 판매권 등을 말한다.

KBO 리그 프로 야구단 라이선싱 사업 형태

이렇게 구분한 라이선싱 사업권을 바탕으로 프로 야구단에서는 공개 입찰, 또는 수의 계약 방식을 통해 계약 업체인 라이선시를 선정하게 되는데, 크게 네 가지 형태로 사업을 진행하고 있다. 사업 형태에 따른 장점과 단점이 있기 때문에 라이선서가 상황에 적합한 형태로 계약을 추진하는 것이 바람직하다.

단일 라이선시 형태

어센틱, 레플리카, 용품류 사업권에 대한 모든 권리를 하나의 라이선시와 계약을 체결하여 사업을 진행하는 경우다. 라이선서인 구단 입장에서 라이선시 역량에 따른 위험 요소(risk)가 존재할 수 있다. 판매율이 높은 제품 위주로 상품을 출시하는 것은 라이선시 입장에서는 이익을 위한 당연한 선택이지만, 팬들과 고객을 위한 상품 출시에는 제한적이기 때문에 매장에 전시하는 상품의 종류가 다양하지 않아 팬들의 흥미를 유발하지 못한다. 사업 협력자로서 라이선서와 라이선시의 상호 협조와 보완이 매우 중요한 이유이기도 하다.

복수 라이선시 형태

어센틱, 레플리카, 용품류 사업권에 대하여 각각의 라이선시와 계약을 체결하여 사업을 진행하는 경우다. 사업권에 따라 별도의 라이선시가 사업을 진행하기 때문에 상표 사용권료 및 로열티 등을 합산하면 구단의 라이선싱 수익

모델이 좋아진다고 할 수 있다. 라이선서인 구단 입장에서는 복수의 라이선시와 커뮤니케이션을 원활하게 해야 하는데 특정 라이선시를 편애하지 않고, 합리적이고 공정한 경쟁 구도에서 라이선시들이 서로 사업을 할 수 있게 하는 통합 관리 능력이 매우 중요하다.

구단과 복수 라이선시의 결합 형태

어센틱, 레플리카, 용품류 사업권에 대하여 각각의 라이선시와 계약을 체결해 사업을 진행하고, 구단 모기업 그룹사의 요구에 따른 상품 기획, 또는 구단 자체 요구에 따른 상품 기획을 할 때 구단에서 직접 상품을 기획하여 제작, 판매하는 형태다. 즉, 라이선시에서 기획하여 상품화하기 어려운 기록 상품, 또는 수익성이 보장되지 않는 상품을 라이선서인 구단에서 직접 관여하여 상품을 출시하고, 판매하는 독특한 형태다. 사업성이 떨어지는 상품을 구단에서 팬 서비스 차원의 성격인 기념품과 무료 증정 상품 용도로 제작하는 경우가 여기에 해당한다.

구단 직영 형태

라이선서인 구단에서 직접 상품을 기획하여 제작, 판매하는 형태로, 야구장 매장 판매는 구단에서 직접 운영하지 않고 외주(outsourcing)를 통해 전개하기도 한다. 이 경우에는 구단에서 직접 상품화 사업을 위한 종합 계획을 수립하고 운영해야 하므로 외부에서 관련 전문가를 채용하는 것이 필요하다. 구단에서 직접 기획하기 때문에 필요한 경우 상품 판매 이익을 적게 보더라도 팬 서비스를 위한 상품을 출시할 수 있고, 구단 상품을 하나의 브랜드처럼 중장기적으로 관리하며 사업을 진행할 수 있다. 이와 같은 형태는 내부의 인적, 물적 자원이 많이 필요하여, 구단의 경영에 때로는 부담이 될 수도 있다.

KIA 타이거즈 프로 야구단 라이선싱 사례

많은 스포츠 팀을 보유하고 있는 현대자동차그룹 스포츠단에서 브랜드 정체성(brand identity: BI)에 대한 변경을 통해 그룹 차원의 마케팅을 진행하고자 하였다. KIA 타이거즈(프로 야구), 전북 현대 모터스(프로 축구), 울산 현대 모비스 피버스(프로 농구), 현대캐피탈 스카이워커스·현대건설 힐스테이트(프로 배구), 현대제철 레드엔젤스(여자 프로 축구), 현대제철 남자 양궁단·현대모비스 여자 양궁단(양궁), 현대글로비스 럭비단(럭비) 등 아홉 개 스포츠단의 BI 변경을 통해 통합 마케팅의 목적으로 기존의 유니폼 디자인도 변경하고자 하였다.

KIA 타이거즈 프로 야구단에서는 2017년 시즌을 앞두고 구단 BI와 새로운 유니폼을 제작하여 공개하고자 하였다. 복잡하지 않으면서도 강인한 구단의 이미지를 함축하고자 했고, 한국 시리즈 10회 우승이라는 명문 구단의 정통성을 계승하고 비전 'Team 2020' 달성을 위한 구단의 의지를 담고자 했다. 이를 위해 2016년 10월 KIA 타이거즈 신규 유니폼 제작 TF팀이 발족하였다. TF팀에 KIA 타이거즈 프로 야구단 마케팅 팀 라이선싱 담당 매니저, 현대 기아자동차 그룹사의 광고 담당 인하우스 에이전시인 '이노션 월드와이드'의 스포츠 마케팅 팀, 그리고 유니폼 디자인을 담당할 패션 디자이너가 참여하였다.

유니폼은 새로운 문자 표지(word mark)를 활용하여 정통적인(classical) 야구 유니폼을 바탕으로 깔끔함과 단순함을 강조해 세련미가 돋보이게 했다. 기존보다 채도가 상향된 'New Tigers Red' 컬러를 사용하고 메이저 리그 마제스틱 유니폼에 사용되는 쿨베이스라는 특수 소재를 사용하여 선수들의 경기력 향상에 도움을 주고자 했다. 수차례에 걸친 디자인 선정 회의, 그리고 견본 제작 등을 통해 다양한 의견을 수렴한 끝에 마침내 신규 유니폼이 탄생하여, 기대와 설렘 속에서 팬들의 반응을 기다렸다.

디자인은 개인의 호불호가 분명한 주관적 영역이기 때

문에 새로운 유니폼에 대한 평가가 다양하였다. "유니폼 바뀌고 성적만 좋으면 문제가 없다"는 야구계의 이야기처럼 팬들의 기대 속에서 2017 시즌 KIA 타이거즈는 새로운 유니폼을 입고 한국 시리즈 우승을 차지한다. 유니폼 뒷면의 '로버트 태권 V' 스타일의 디자인에 대한 논쟁이 많았는데 이제 유니폼 뒷면 하단의 V는 승리의 V로 인식되어 세련된 디자인으로 평가받게 되었다.

프로 스포츠 구단에서 새로운 유니폼을 준비하고 팬들에게 공개할 때는 상당히 면밀한 과정과 노력이 필요하며, 좋은 결과를 얻기 위하여 팬들의 의견과 반응을 지속적으로 예의 주시하고 검토해야 한다. "팬이 없으면 구단도 존재할 수 없다"는 말이 있듯이, 구단 경영진의 의견과 결정도 중요하지만, 일방적인 의사 결정이 아닌 양방향으로 팬들과 다양하게 소통하는 과정을 공개하며 유니폼을 만들어 가는 노력을 기울일 때 팬들에게 더욱 가까이 다가갈 수 있으며, 긍정적인 반응을 기대할 수 있는 것이다.

09

프로 스포츠 통합 라이선싱 사업 론칭 과정

2020년 11월 프로 배구(KOVO)가
국내 프로 스포츠 리그 중 최초로 전 구단의 지식
재산권을 가지고 통합 라이선싱 비즈니스의
출발을 알렸다. 국내에서는 프로 야구(KBO)와
프로 축구(K리그)에서 통합 라이선싱
사업이라는 이름 아래 사업을 진행하였지만,
단순히 구단 전체의 엠블럼, 로고 등 지식
재산권을 하나의 아이템(예를 들면, 모자, 카드,
슬리퍼, 버스 카드 등)과 단순하게 결합하는
형식의 상품 출시만 있었을 뿐이다.

프로 배구 통합 라이선싱 사업 현황

프로 배구 통합 라이선싱 사업을 위해 프로 배구 라이선싱 시장의 정확한 규모와 현황, 그리고 구단에서 운영하는 라이선싱 사업의 구조를 우선 파악해야 했고, 아래와 같은 사항들을 알 수 있었다.

프로 배구의 작은 산업 규모

프로 배구는 관람객 수, 스폰서 및 중계 방송권료, 경기 수 등 모든 것이 프로 야구나 프로 축구보다 훨씬 시장 규모가 작은 산업이다. 대부분의 구단이 독립 법인이 아닌 모기업 소속의 하위 부서로 운영되고 있어 사무국의 인적 자원도 다섯 명 이내로 빈약하고, 수익을 내야 한다는 부담이 없어 전체적으로 수동적이고, 소극적인 사업을 진행해 왔다.

프로 배구 시장의 어려움

프로 배구 및 구단들이 기존의 라이선싱 사업과 관련하여 보유하고 있는 자료가 거의 존재하지 않았으며, 그나마도 구단과 업체 간 비밀 조항(계약금, 계약 기간), 계약 준수 이행 등으로 자료 수집이 매우 어려웠다. 이를 보면 그동안 규모가 작은 국내 프로 배구에서 스포츠 라이선싱 사업이 사실상 전개되지 않았다고 해도 과언이 아닐 정도였다. 대부분의 국내 라이선시 업체 또한 영세하여 프로 배구의 통합 라이선싱 사업 초기 투자 자본(기획, 디자인, 생산, 재고 등)에 대하여 많은 부담을 가지고 있었다. 구단들은 기존 라이선시 업체와의 단기 계약으로 인하여 장기적인 사업 구상이 쉽지 않아 투자의 필요성조차 느끼지 못하고 있었다.

프로 배구 통합 라이선싱 사업 론칭 과정

프로 야구 한 개 구단의 라이선싱 사업 규모보다 프로 배구의 통합 라이선싱 사업 규모가 더 작은 상황이다. 이에 연맹과 구단의 의견을 하나로 모아 규모의 경제 실현이라는 과제를 정하고 남녀 배구 13개 구단의 상품 기획과 디자인, 생산, 판매를 총괄하는 KOVO 통합 라이선싱 사업권을 판매하기로 하였고, 라이선시를 모집하였다(권영준, 2019). 13개 구단의 의견을 하나로 모으는 과정이 쉽지는 않았지만, 모든 구단이 조금씩 양보하고 대의를 위해 협조해 주어 사업을 진행할 수 있었다. 프로 배구 라이선싱 시장의 규모가 워낙 작다 보니 라이선시 업체에게 다음과 같은 혜택을 제공하기로 하였다.

· 각 구단에서 구매하는 이벤트 상품(응원 도구, 박수 도구, 사인볼 등)을 라이선시 업체를 통하여 구매하도록 함(업체의 현금 유동성 확보 지원).
· 디자인 개발에 대한 부담을 완화해 주기 위해 신규 사업(상품 기획 디자인 모형 및 상품 카탈로그 제공)을 기획하여 지원함.
· 각 경기장의 열악한 매장 환경을 연맹에서 새롭게 개장 및 인테리어를 함으로써 라이선시 업체가 바로 입점하여 판매에 집중할 수 있도록 지원함.

이러한 준비 과정을 거쳐 통합 라이선시 사업자를 선정하기까지 약 1년 6개월의 시간이 필요하였으며, 이후 13개 구단의 라이선싱 사업을 통합하여 제작부터 판매까지 진행하는 통합 라이선싱 사업을 실시하는 것이었다. 이번 사업은 각 구단이 개별적으로 실시하던 것과는 달리 프로스포츠 최초로 연맹이 전 구단의 라이선싱 사업을 통합하여 기획, 디자인, 제작, 판매까지 일원화하고 수익 극대화 및 팬 서비스 확대를 위해 실시하는 사업이다(이재상, 2020).

하지만 라이선시를 선정하고 나서 제대로 된 사업을 시작하기도 전에 코로나19 사태가 일어났다. 경기장은 무관중이었고, 공식 온라인 스토어가 개설되었으나 매출은 미비하였다. 예상보다 장기화하는 코로나19 상황으로 상품군 확장과 디자인의 다양화는 더욱더 어려워졌다. 도쿄 올림픽 여자 배구 국가대표 팀의 선전으로 김연경 선수를 비롯한 스타 선수들 소속 배구팀의 라이선싱 상품들이 한때 인기를 끌었지만, 특정 팀과 선수에만 집중되는 경향이 있었다.

의욕적으로 출발한 프로 배구의 통합 라이선싱 사업은 아직도 걸음마 수준이고 해결해야 할 과제도 많다. 각 구단의 지식 재산권인 IP를 변형하고, 개발 및 수정하기가 어려울 뿐만 아니라 이를 위해서는 각 구단에 매번 승인을 요청해야 한다. 다양한 상품을 개발하는 데 제한이 있어 구단의 승인을 최소화하고자 구단 로고 등을 어떤 문제가 생기지 않을 정도로 무난하게 디자인하여 출시하는 경향이 있다. 여러 가지 문제점을 개선하기 위해서는 프로 배구 연맹 차원에서 매 시즌 라이선싱에 대한 연구 모임(workshop) 등을 통해 구단들과 함께 지식 재산권에 대한 브랜드 가치를 높이고, 세부 지침을 개발하고 품질을 향상하려는 노력을 계속해야 할 것이다.

프로 배구 13개 구단의 전체 상품을 기획, 디자인, 생산하기 위해서는 어느 정도 규모를 갖춘 라이선시가 사업을 전개해야 한다. 그런데 현재 국내 라이선싱 업체는 대부분 영세한 중소기업이어서 기획을 적절하게 하지 못하거나, 코로나19 같은 외부 환경의 이슈로 판매가 부진할 경우 도산할 가능성이 크다.

구단별 형평성 있는 상품 출시가 필요하지만, 프로 배구 시장 특성상 남자부와 여자부 규모의 차이가 있는 상황이라 남자부 프로 배구단 상품 출시가 용이하지 않은 측면이 있다. 매출에 비해 상품 기획, 디자인, 생산, 재고 문제 등 부정적인 요소가 많은 상황이기 때문이다. 또한 11개 프로 배구 경기장의 오프라인 매장인 코보(KOVO) 마켓을 매일 운영해야 하는 부담도 존재한다. 일부 구단은 코보 마켓 매출액보다 매장 운영비가 더 많이 지출되어 적자를 보는 경우도 자주 발생한다.

지역 연고지 개념이 강한 프로 야구와 프로 축구는 팀에 대한 애착과 충성도가 높아 팀 관련 라이선싱 상품이 많은 데 비해 프로 배구는 선수를 통한 라이선싱 상품이 비교적 인기가 높다. 엔터테인먼트 사업의 아이돌 상품과 비슷한 형태다. 이에 따라, 만약 인기 선수가 팀을 이적한다거나, 물의를 일으켜 사회적 문제가 되면 라이선싱 상품을 판매할 수 없어 많은 재고의 부담을 떠안게 되는 위험 요소도 존재한다.

코로나19라는 악재로 프로 배구 통합 라이선싱 사업이 예상보다 어렵게 출발하였지만, 기존에 없던 캐릭터 상품, 선수 관련 상품, 기념상품(MVP, KOVO 기록 상품) 등을 출시하면서 상품 확장성이 이전보다 많이 성장하였다. 이러한 흐름을 통하여 시즌이 개막하여 경기장에 팬들이 더욱 많이 찾아오고 라이선싱 상품 매출도 증가하여 그에 따른 구단 수익 분배금도 커지면 통합 라이선싱 사업이 더욱 발전하리라 기대한다.

향후에는 프로 배구 통합 지식 재산권을 개발하여 사회 변화와 유행 등을 반영하는 라이프 스타일 브랜드와 특성 있는 협력 상품을 출시하는 등의 다양한 시도를 통하여 더욱 시장을 확장하고, 매력적인 라이선싱 상품으로 팬들에게 다가갈 수 있을 것이다.

참고문헌

권영준(2019.9.11). KOVO, 통합 상품화 사업권자 입찰 공고. http://www.sportsworldi.com/newsView/20190911509297

이재상(2020.11.6). 한국배구연맹, 프로스포츠 최초 통합 상품화사업 실시. https://www.news1.kr/articles/?4111255

10

아마추어 스포츠의 라이선싱 사업

국내 아마추어 스포츠 단체는 정부의 공공 재정 의존도가 매우 높다. 대한민국 체육을 총괄하는 대한체육회의 경우도 예외가 아니어서 96.5%(2020년 기준)로 재정 종속성이 매우 심하다. 스포츠 선진국인 미국이나 영국은 정부 지원금이 거의 없고, 오스트레일리아나 일본 등은 공공 재정 의존도가 각각 32.8%, 44.5%(2018년 기준)로 재원의 대부분을 기업 스폰서십과 라이선싱 수입으로 충당하며 재정 자립도가 높다(민학수, 2020).

대한체육회 라이선싱 사업

대한체육회(Korean Sport & Olympic Committee)는 대내적으로는 국민체육진흥법 제33조에 의하여 설립된 체육단체(민법상 사단 법인)이자, 기획재정부 지정 '기타 공공기관'이다. 대외적으로는 IOC에 가입한 국내 유일의 단체로 대한민국의 국가올림픽위원회 지위를 겸하며, 국제체육기구에서 대한민국을 대표하는 기관으로 한국의 아마추어 스포츠와 올림픽 관련 업무를 총괄한다.

60개가 넘는 정식 회원 종목 단체 및 17개 시도 체육회의 사업 지원, 전국 체육 대회 등 종합 체육 대회 개최, 범국민 생활 체육 운동 전개 및 생애 주기 생활 체육 프로그램 개발 및 보급, 동호인 조직 활동 지원 등 전문 체육 및 생활 체육 진흥 사업을 전개한다. 또한 올림픽과 아시안게임 등에 대한민국 선수단 파견과 국제 교류, 우수 선수 및 지도자 육성 등 전문 체육 진흥 등의 주요 사업을 하기 위한 재원을 마련하고, 재정 자립도를 높이기 위하여 최근 스포츠 마케팅 사업단에서 라이선싱 사업을 전개하고 있다.

대한체육회의 라이선싱 사업 명칭은 '대한체육회 공식 상품화권자 선정'이며, 사업 목적은 첫째, 상품화 자산 개발을 통한 대한체육회 상품 통일감 부여(키 비주얼) 및 브랜드화다. 둘째, 대한체육회 상품화 자산 개발을 통한 국내외 브랜드 인지도 및 이미지 제고다. 셋째, 상품화 자산 판매를 통한 대한체육회 자체 수익 확대다. 넷째, 대한체육회 및 회원 종목 단체의 다양한 사업과 협업하여 공식 홍보 물품 제작, 공급을 통한 수익 창출이다.

대한체육회 라이선싱 사업의 세부 내용

대한체육회 라이선싱 사업의 요점, 상품화 내용, 홍모, 판매, 프로모션 등의 내용을 세부적으로 살펴보면 다음과 같다.

첫째, 사업의 요점은 대한체육회가 보유하고 있는 지식 재산을 활용한 라이선싱 상품에 대한 종합 계획을 수립하고 운영하는 것이다.

둘째, 이를 위하여, 대한체육회 지식 재산을 활용한 라이선싱 상품 및 디자인을 개발하는 것이다. 우선 ① 전 국민의 관심사인 2024년도에 열리는 파리 올림픽을 대상으로 'Team Korea' 로고, 기존 및 신규 마스코트 등 개발, ② 팀 코리아 전체 상품 관련 일관성 있는 비주얼 개발, 온오프라인 쇼룸 적용, ③ 팀 코리아 종목별 상품 제작으로 판매처 및 고객층을 확대하는 것이다.

셋째, 라이선싱 상품을 기한 내 제작하여 납품을 완료

하는 것이다. 2024 파리 올림픽 'Team Korea' 로고를 중심으로 다양한 상품(티셔츠, 모자 등 의류 및 그립톡, 열쇠고리 등 일부 잡화)을 개발하여, 제작 및 납품 완료한다.

넷째, 라이선싱 상품의 유통 및 판매, 그리고 프로모션을 적극적으로 진행하는 것이다. 세부적으로는 온라인 판매 채널 운영, 대한체육회 공식 후원사인 홈쇼핑 채널 활용 등 온라인 유통 채널을 이용하고, 선수촌 내 웰컴센터, 태릉스케이트장 등 오프라인 판매처의 활용, 대한체육회 내 사업, 홍보 부스 디자인, 기념품 판매 및 운영, 그리고 팀 코리아의 감동 스토리를 상품과 접목하여 상품의 홍보를 극대화하는 것이다.

다섯째, 상품화 품목을 확대하는 것이다. 이전에는 품목이 매우 단순하고 제한적이었으나, 이번 사업에서는 아홉 개 상품 카테고리(의류, 봉제류, 완구류, 잡화류, 문구류, 가방류, 소품류, 놀이용품류, 생활용품류 등)에 56개 이상의 다양한 상품으로 확대하였다. 상품 질의 수준을 높이고, 트렌드를 반영하는 디자인으로 구매자들의 관심과 구매 욕구를 높이는 데 초점을 두고 있다.

라이선서인 대한체육회는 다음과 같은 역할을 수행하며 운영의 효율성을 높이고 성공적인 비즈니스를 진행할 수 있도록 한다. 나아가 종목별 상품 제작으로 판매처 및 고객층을 지속적으로 확대해 나가는 것이다.

- 사업 총괄 및 일정 관리
- IP 사용권, 상품 제조, 판매 권리 제공
- 최종 디자인 및 가격 승인
- 상품의 안정성 및 품질 확인
- 상품 판매처 설치, 판로 확대 및 운영 지원: 대한체육회 사업 및 회원 종목 단체들과 연계
- 상품 판매 결과 확인
- 로열티 징수

대한체육회 라이선싱 사업의 상품화권자인 라이선시는 다음과 같은 역할을 수행하며 소비자의 반응과 시장의 동향을 파악하며 소비자에게 최종적으로 전달될 다양한 라이선싱 상품을 만든다.

- 상품화 사업 관련 종합 계획 수립 및 운영
- 상품 디자인 개발, 제조
- 상품 안전성 및 품질 검사, 관리
- 상품 프로모션 및 마케팅
- 상품 판매: 대한체육회 판매망, 자체 유통망 활용 가능

· 상품 판매 실적 보고 및 로열티 납부
· 사업 진행 상황 보고

대한체육회는 재정의 정부 의존도를 줄이고 자립도를 높이기 위한 수익 사업의 일환, 그리고 스포츠에 대한 국민들의 관심 유도 등을 목적으로 라이선싱 사업을 적극적으로 추진하고 있다. 그동안 아마추어 스포츠 단체에서는 관심을 두지 않았던 분야지만 프로 스포츠 못지않은 여러 종목에서 유명 선수들이 올림픽, 아시안 게임 등을 통해 지속적으로 배출되고 있으며, 국제 대회에 대한 국민적 관심이 매우 높기 때문에 라이선싱 사업을 충분히 성공시킬 수 있다고 하겠다.

국내 아마추어 스포츠를 총괄하는 대한체육회의 라이선싱 사업이 성공적으로 진행된다면 배드민턴, 탁구, 핸드볼, 수영, 태권도, 유도, 검도 등 60개가 넘는 회원 종목 단체에 긍정적인 파급 효과를 가져올 것이다. 대한체육회의 성공 사례를 통하여 국내 아마추어 스포츠 종목 단체들도 스포츠 라이선싱을 통한 수익 사업에 관심을 가지며 재정 자립도를 높여 나갈 수 있는 좋은 계기가 될 것이다.

참고문헌

민학수(2020.12.8). 대한체육회 예산 정부 및 공공 의존도 96.5%…. 덩치만 크고 자율성 없는 체질 바꿔야. https://www.chosun.com/sports/sports_general/2020/12/08/BCXM7ZPC4RFJ3OI7RA2DMYTZLA/

<부록 1>

프로 스포츠 구단 라이선싱 계약서 예시

제1조 (목적)

본 계약은 B가 A의 상표를 사용하는 데 필요한 제반 사항에 대하여 A와 B의 권리 및 의무를 명확히 하기 위하여 체결한다.

제2조 (용어의 정의)

1. "A의 상표"(이하 '상표'라 한다)란 관할 등록 관청에의 등록 여부를 불문하고 A의 상표, 상호, 별명, 상징, 로고, 시그니처, 마스코트, 기타 A를 표시하는 모든 표장을 의미한다.
2. "초상권"이란 A 소속 선수단 및 감독, 코칭스태프의 이미지, 백넘버, 캐릭터, 특징, 별명, 서명, 기타 선수단 및 코칭스태프를 표시하는 제반 이미지 일체를 말한다.
3. "상표 사용권"이란 상품의 제조, 판매 등의 업무에 A의 상표를 비독점적으로 사용할 권리를 말한다.
4. "상품"이란 판매용으로 제작된 모든 물품을 말한다.
5. "상표 사용료"란 A 상표를 "상품"의 제조, 판매, 수출 등

에 사용하는 것에 대한 대가로 지불하는 비용을 말한다.

제3조 (상표권 사용)

A는 "상품"의 제조, 판매 등을 위하여 상표를 사용할 비독점적인 권리를 B에게 부여한다.

제4조 (상표 사용 범위)

1. A의 상표 사용 범위는 다음 각 호와 같다.
   가. 사용 기간:
   나. 사용 가능 상표: 제2조 1, 2항에 해당되며 A의 승인을 받은 상표
   다. 사용 가능 상품: 의류, 잡화 및 액세서리 등 A와 합의된 상품
   라. 사용 지역: 대한민국 내
   마. 판매 가능 매체
      1) 온라인:
      2) 오프라인:
2. B가 "상품"의 판매를 위하여 프로모션, 이벤트, 광고 및 판촉 자료 등에 상표 및 초상권 등을 사용하고자 할 경우에는 사전에 사용 범위, 사용 대상 등의 세부 사항에 대하여 A의 서면 승낙을 취득한 후 사용하여야 한다.

제5조 (A의 의무)

1. A는 B가 "상품" 제작 및 상표 사용과 관련한 협의, 이미지 등의 자료를 요청할 경우 적극적으로 지원하여야 한다.
2. A는 "상품" 제작 및 판매를 원활하게 진행할 수 있도록 협조하여야 한다.

제6조 (B의 의무)

1. B는 상표를 형태 및 색채를 포함하여 A가 사전에 제공하거나 승인한 규격 이외의 방법으로 사용하지 않을 것에 동의하며, 다른 문자, 명칭, 표장 또는 기타 표시 등 상표를 변형 및 수정하여 사용할 경우에는 변형 및 수정한 상표를 A에게 제공하여 사용 가능 여부에 대한 승인을 받도록 한다.
2. B는 상표 사용 상품의 디자인, 제조 상품 종류, 제조량, 가격 등 상품 관련 제반 업무에 대하여 사전에 A와 협의 후 진행하며, 모든 상품에는 A와 협의된 라벨과 태그, 바코드, 홀로그램을 부착하여야 한다. 계약 종료 월에는 사용하고 남은 홀로그램과 홀로그램 사용 내역을 제출하여야 하고 미반납 시 B의 판매 상품 중 최고가 상품 소비자 가격의 OO%(VAT 포함)를 A에게 지급한

다. A는 이와 관련하여 '홀로그램 미부착 신고제'를 실시할 수 있으며 B는 최대한 협조하여야 한다.

3. B는 상표 사용에 대하여 사용량 및 사용 상품 제조량, 상품 판매 관련 자료를 보유하여야 하며, A가 요청할 경우 해당 자료를 제공하도록 한다.
4. B는 상표가 부착된 상품에 대한 판매권을 제3자에게 부여하는 경우 A에게 반드시 승인을 득해야 하며 판매권을 부여받은 제3자가 본 계약상의 제반 의무를 준수하도록 관리 감독을 철저히 하여야 한다.
5. B로부터 판매권을 부여받은 제3자가 A와 사전에 합의되지 않은 매체를 통하여 상품을 유통하거나 상표를 권한 없이 사용하는 등 본 계약상 제반 규정에 위반되는 행위를 하는 경우 B는 지체 없이 당해 제3자 위반 행위를 A에게 고지한 후 제3자의 위반 행위를 신속히 중단시켜야 한다. 이를 이행하지 않을 경우 A에서 산정한 피해 보상액을 A에게 지급한다.

제7조 (상표 사용료)

1. B는 상표권 사용료에 대하여 연간 　　　　　원을 A에게 지급하여야 한다.
2. A는 본 계약 체결 후 상표권 사용료에 대한 세금 계산서

를 매년 O월로 발행하고 B는 OO까지 A가 지정한 계좌로 상표권 사용료를 현금 입금한다.

3. B는 초상권 관련 상품 판매에 대해 순매출의 O%(VAT 별도)를 상표권 사용료로 A에게 지급하여야 하며, A는 B로부터 받은 초상권 사용료를 각 선수별로 지급한다.

제8조 (매출 수수료 및 러닝 개런티)

1. B는 구장 내 매장에서 판매하는 상품에 대하여 순매출의 OO%(VAT 별도)에 해당하는 매출 수수료를 A에게 지급하여야 한다. 단, A의 요청이나 상호 간의 협의가 된 경우 일부 품목에 한해 매출 수수료를 변경할 수 있다.
2. B는 구장에 위치한 오프라인 매장을 제외한 매체를 통해 판매한 모든 상품에 대하여 순매출의 OO%(VAT 별도)에 해당하는 러닝 개런티를 A에게 지급하여야 한다.
3. B는 자사 운영 매장이 아닌 대리점, 거래 업체, 그 외 판매 채널을 통해 상품 판매를 원할 경우 반드시 사전에 A의 승인을 받아야 하며, A의 승인 없이 가격 변동, 할인 판매를 할 수 없고, 이를 위반할 때 A는 B에게 상품 판매 중지 요청을 할 수 있다.

4. B는 A가 제공하는 양식에 맞춰 월별 외부 판매 내역을 작성하고 익월 O일까지 A에게 제출하여야 한다.
5. 본 계약 체결 후 A는 제8조 1, 2항에 대한 세금 계산서를 매월 발행하고 B는 A가 지정한 계좌로 익월 말일까지 현금 입금하여야 한다. 또한 B는 본 계약에 따른 지급 이행 보증 보험에 가입하여 제출한다.

제9조 (계약 기간 종료 후 처리)

1. 본 계약이 종료(중도 해지 포함)된 후 A가 B에게 부여한 상표 사용권은 즉시 소멸된다.
2. B는 기간의 만료 기타 해제 및 해지 등으로 인한 본 계약 종료일로부터 1개월 이내에 재고 상품의 리스트(판매권이 부여된 제3자 보유 재고 및 생산 중인 상품 포함)를 A에게 제출하여야 하며, A는 본 계약 종료 후 3개월 동안 B(B를 통하여 상품 판매권을 부여받은 제3자 포함)가 재고 상품 소진을 위하여 상표가 부착된 "상품"을 판매하는 것을 허락한다.

제10조 (계약 기간)

본 계약은 부터 까지 유효하며, 계약 기간 만료 1개월 전까지 일방 당사자가 상대방에 대하여 계약 조건 변경, 계약 갱신 등의 다른 의사 표시를 서면으로 하지 않는 경우, 본 계약은 1년 자동 연장된다. 단, 계약 조건은 변경될 수 있으며 변경 시 계약서를 다시 작성한다.

제11조 (계약 해지)

1. A 또는 B가 본 계약상의 의무를 불이행하거나 위반한 경우, 상대방은 동 불이행 및 위반 사항을 조치할 것을 서면 통지할 수 있으며, 서면 통지일로부터 15일까지 조치하지 않을 경우 본 계약을 즉시 해지할 수 있다.
2. 본 조 제1항과 관계없이 A 또는 B에게 다음 각 호 중 어느 하나의 사유가 발생한 경우 상대방은 서면 통지로써 본 계약을 즉시 해지할 수 있다.
   가. 파산, 회사 정리, 기타 이와 유사한 사례가 발행한 경우
   나. 주요 자산에 대하여 압류, 가압류, 가처분, 경매, 기타 강제 집행 처분 등을 받아 재정 상태가 악화되어 본 계약의 유지가 어렵다고 판단되는 경우
   다. 주요 자산 또는 영업을 제3자에게 양도한 경우
   라. 관계 기관에 의하여 영업 정지, 영업 허가 취소 등의 처분을 받은 경우
   마. 본 계약 이외의 다른 거래 관계에서 상대방 또는 제

3자에게 부담하고 있는 금전 지급 의무를 정당한 이유 없이 불이행하거나 지급 의무가 있는 어음, 수표 등의 유가 증권에 부도가 발생하는 등 재무 상태가 현저히 악화되어 본 계약을 더 이상 지속하기 어렵다고 판단되는 경우

바. 정당한 사유 없이 본 계약상의 의무를 이행하지 않을 경우

사. 기타 원활한 계약 실현을 현저히 저해하는 사유가 발생한 경우

3. A와 B는 서면에 의한 합의로써 본 계약을 해지할 수 있다.

4. 본 조 제1항 내지 제3항에 의하여 본 계약이 해지되는 경우 각 당사자의 상대방에 대한 채무는 모두 기한의 이익을 상실하며 해지된 날에 그 이행기가 도래한 것으로 본다.

5. 본 조 제1항 내지 제3항에 따른 계약의 해지는 해지 이전에 발생한 양 당사자의 권리(손해 배상 청구권 포함) 또는 의무에 영향을 미치지 아니한다.

제12조 (비밀 유지)

1. 본 계약상의 업무 수행과 관련하여 A와 B가 상대방으

로부터 전달받은 영업 정보, 고객 정보, 기타 영업 비밀 등(이하 '영업 비밀 등'이라 한다)은 본 계약상 목적 이외의 목적에 사용하거나 사전에 상대방의 서면 동의 없이 제3자에게 누설하거나 사용하게 할 수 없다.

2. 본 조의 효력은 본 계약이 종료된 이후에도 유효하게 존속된다.

제13조 (손해 배상)

A 또는 B가 본 계약상의 의무를 불이행하거나 태만하여 상대방에게 분쟁이 발생하거나 손해가 발생한 경우, 귀책사유 있는 당사자는 상대방에게 발생한 분쟁을 책임지고 해결하고 손해를 배상하여야 한다.

제14조 (분쟁 관할)

본 계약으로 인한 A와 B 간의 분쟁으로 인하여 법적 소송이 발생할 때 A의 소재지 관할 법원을 합의 관할 법원으로 하여 분쟁을 해결한다.

제15조 (일반 조항)

1. A와 B는 본 계약서에 규정된 의무를 성실히 이행하여야 하며, 상대방의 명예와 이미지를 손상시키는 일체의

행위를 하여서는 안 된다.

2. 본 계약은 양 당사자의 서면 합의에 의해서만 수정 및 변경될 수 있다.
3. 본 계약의 해석상 의미가 명확하지 아니한 부분이 발생한 경우에는 A와 B 간의 협의에 따라 결정하며, 협의가 성립되지 않을 경우에는 관련 법규 및 일반 상 관례에 따른다.
4. A와 B는 본 계약상의 권리 및 의무의 전부 또는 일부를 사전에 상대방의 서면 동의 없이 제3자에게 양도 또는 증여할 수 없으며, 담보로 제공할 수 없다.
5. 본 계약 기간 중 천재지변, 전쟁, 내란, 폭동, 노사 분규, 정부의 규제 등 기타 양 당사자가 상호 인정하는 불가항력적인 사태가 발생한 경우, 본 계약은 자동 종료되며 그로 인하여 발생한 손해에 대하여는 일체의 배상 청구를 할 수 없다.
6. A와 B는 협의에 따라 상대방에 대하여 보유하고 있는 금전 채권을 금전 지급 채무와 상계 처리할 수 있다.
7. B는 상표를 사용함에 있어 A의 명예와 신용에 부정적인 영향을 끼쳐서는 안 되며, 사회적으로 악영향이 미치지 않도록 최선의 노력을 다하여야 한다.
8. A와 B는 상호 자료 열람을 요청할 수 있으며, 관련 법규

에 위배되지 않는 한 상대방은 적극 협조하여야 한다.

본 계약이 유효하게 성립되었음을 증명하기 위하여 본 계약서 2부를 작성하여 A와 B가 날인 후 각각 1부씩 보관한다.

<부록 2>

대한체육회 라이선싱 사업 개요

1. 사업 내용

1) 대한체육회 지식 재산을 활용한 라이선싱 상품 종합 계획 수립, 운영

2) 대한체육회 지식 재산을 활용한 라이선싱 상품 개발 및 디자인 개발

· 2024 파리 올림픽 대상 'Team Korea' 로고, 달리 또는 신규 마스코트 개발

· 팀 코리아 전체 상품 관련 일관성 있는 비주얼 개발, 온오프라인 쇼룸 적용

· 팀 코리아 종목별 상품 제작으로 판매처 및 고객층 확대

3) 라이선싱 상품 기한 내 제작, 납품 완료

· 2024 파리 올림픽 Team Korea 로고 중심 상품(티셔츠, 모자 등 의류 및 그립톡, 열쇠 고리 등 일부 잡화) 개발, 제작 및 납품 완료

4) 라이선싱 상품 유통 및 판매, 프로모션 진행

· 온라인 판매 채널 운영, 네이버 스토어팜 공동 구축 및

운영, 롯데홈쇼핑 채널(대한체육회 공식후원사) 협의 가능 등 온라인 유통 채널 이용

· 오프라인 판매처 유통 채널 이용 가능(선수촌 내 웰컴 센터, 태릉스케이트장 등)

· 대한체육회 내 사업, 홍보 부스 디자인, 기념품 판매, 운영 등

· 팀 코리아 감동 스토리를 상품과 접목하여 상품 홍보 극대화

5) 상품 카테고리: 예시이며 후원사 카테고리 중 후원사 희망 품목은 예외

· 의류: 티셔츠, 모자, 장갑, 등산, 양말, 우의, 패딩 조끼, 경량 패딩 등

· 봉제류: 마스코트 인형, 봉제 잡화(핸드폰 고리), 엠블럼 쿠션 등

· 완구류: 피규어, 각종 장난감, 미니어처, 응원 봉, 풍선 등

· 잡화류: 배지, 기념 메달, 핀, 그립톡, 유에스비(USB), 열쇠고리, 네임 태그, 여권 파우치 등

· 문구류: 문구, 필기구, 액자, 책갈피, 사진첩 등

· 가방류: 각종 가방, 쇼핑백 등

· 소품류: 주얼리, 지갑, 명함 지갑, 벨트, 넥타이핀, 넥타

이 등

· 놀이용품류: 풍선, 부채, 골프공, 기타 놀이용품

· 생활용품류: 주방용품, 수건, 응원 타월, 쿨링 타월, 컵, 텀블러, 우산, 차량용 액세서리, 무선 충전기, 보조 배터리, 멀티 어댑터, 블루투스 스피커 등

6) 라이선서(대한체육회) 역할

· 사업 총괄, 일정 관리

· IP 사용권, 상품 제조, 판매 권리 제공

· 최종 디자인, 가격 승인

· 상품 안정성 및 품질 확인

· 상품 판매처 설치, 판로 확대 및 운영 지원: 대한체육회 사업, 회원 종목 단체 연계

· 상품 판매 결과 확인

· 로열티 징수

7) 라이선시(상품화권자) 역할

· 상품화 사업 관련 종합 계획 수립, 운영

· 상품 디자인 개발, 제조

· 상품 안전성 및 품질 검사, 관리

· 상품 프로모션, 마케팅

· 상품 판매: 대한체육회 판매망, 자체 유통망 활용 가능

· 상품 판매 실적 보고 및 로열티 납부

사업 진행 상황 보고

2. IP 사용료

· MG: 라이선싱 사업 참여 금액

· 러닝 로열티: 총매출액의 지불 요율(%)

3. 기업 연계 마케팅 금지

· 라이선시는 라이선싱 상품에 자사의 브랜드 또는 명칭 기입 금지

· 참여 기업은 제품 또는 포장에 공식 공급 업체, 공식 상품화권자 표시 금지. 단, 공식 라이선스 제품(Official Licensed Product) 표기 가능

신승호

국민대학교 체육대학 스포츠산업레저학과 교수다. 성균관대학교를 졸업하고 미국 미네소타대학교(University of Minnesota)에서 스포츠경영학 전공으로 박사학위를 받았다. 국민대학교 체육대학 학장, 한국스포츠산업경영학회 회장, 대한체육회 이사, 한국대학검도연맹 부회장 등을 역임했다. 주요 저서로 『스포츠산업학』, 『스포츠산업마케팅』, 역서로 『스포츠프로모션과 세일즈』, 『스포츠경영학개론』 등이 있다.

김형석

국민대학교 대학원에서 스포츠경영학 박사학위를 받았다. 한화 이글스, LG 트윈스, SSG 랜더스, SK 와이번스, 롯데 자이언츠, KIA 타이거즈, 2017 World Baseball Classic, 전북 현대 프로 축구단, 동부화재 프로 농구단, 삼성화재 프로 배구단, KBS N 〈날아라 슛돌이〉 TV 프로그램 등과 함께 국내 스포츠산업 현장에서 스포츠 라이선싱 비즈니스를 하였다.